글 다비드 모로시노토

에우가네안 언덕에 있는 매력적인 작은 마을에서 자랐으며, 오래전부터 산기슭에 집을 지어 살고 있다.
저널리스트이자 번역가 그리고 디지털 출판 전문가인 그는 수년간 비디오 게임 업계에서 일했다.
세계적인 스토리 텔링 기관인 'Book on a tree'의 회원이며 이탈리아 소설가 피에르도메니코 바칼라리오가 설립한 '작가 협동조합'의 회원이다.
그는 또한 필명으로 다양한 이탈리아 출판사들과 함께 30편이 넘는 아동 도서를 출판했고, 일부는 12개 언어로 번역되었다.
그의 책 중 《유명한 워커&던 카탈로그》는 안데르센 상 12세 이상 부분에서 권위 있는 상을 받았다.
다비드는 책 읽고, 여행하고, 게임을 하고, 바이크를 타며 항상 새로운 이야기를 상상하는 것을 좋아한다.
그가 쓴 책으로 《비디오 게임》, 《카펫의 사이버불리》 등이 있다.

크리스티안 힐

그는 대학에서 항공 엔지니어를 전공하였다. 이후 게임, 컴퓨터, 사진 전문 잡지사 등에서 일해 왔다.
몇 년 전 그는 인생에서 정말 하고 싶은 것이 작가라는 것을 깨닫고 글을 쓰고 있지만 비행기와 기계에 대한 열정은 아직도 남아있다.
'Book on a tree'와 함께 15권의 아동도서를 출간했으며, 영화와 TV 시나리오 세계에 첫발을 내디뎠다.
그는 음악, 영화, 사진 등에 열정적이며, 무엇보다 책을 좋아한다. 밀라노에서 부인과 두 딸과 작은 강아지와 함께 살고 있다.

옮김 류젬마

볼로냐대학에서 커뮤니케이션학을 수학. 주한이탈리아상공회의소 근무, 한국어-이탈리아어 통번역사, 사진가,
칼럼니스트, mbc '다큐스페셜' 등 다수의 TV 방송 통역, 현지 코디네이터, 밀라노 엑스포에서 통역가로 활동.
번역 도서로는 《할 수 있어, 아브라카다브라》가 있다.

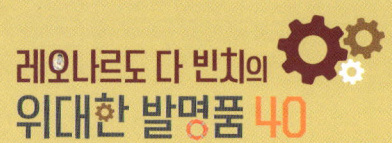

초판 1쇄 발행 2019년 10월 25일

글 다비드 모로시노토·크리스티안 힐 그림 마르코 보나티 옮김 류젬마
펴낸이 강진균
편집 편집부 디자인 이하나
마케팅 변상섭
제작 강현배
펴낸곳 삼성당
출판등록 1968년 10월 1일 제2-187호
주소 서울시 강남구 선릉로 747 삼성당빌딩 9층
전화 (02)3443-2681 팩스 (02)3443-2683

ISBN 978-89-14-02015-4 (73880)

이 도서의 국립중앙도서관 출판예정도서목록(CIP)은 서지정보유통시스템홈페이지(http://seoji.nl.go.kr)와
국가자료종합목록구축시스템(http://kolis-net.nl.go.kr)에서 이용하실 수 있습니다. (CIP제어번호: CIP2019036871)

레오나르도 다 빈치의 위대한 발명품 40

글 다비드 모로시노토 · 크리스티안 힐
그림 마르코 보나티

도전이 시작되었다.
40개의 천재적인 발명품!
과거와 지금의 모습은?

차례

도전이 시작된다 ········· 10
레오나르도의 삶 ········· 12
레오나르도의 코드 ········· 16

18

제 1 장
기술자 레오나르도

32

제 2 장
레오나르도 전쟁에 가다

건축가 레오나르도 ········· 46

48

제 3 장
멀티플레이어 레오나르도

여행가 레오나르도 ········· 60

62

제 4 장
레오나르도 바퀴를 달다

제 5 장
물속의 레오나르도
72

제 6 장
하늘을 나는 레오나르도
86

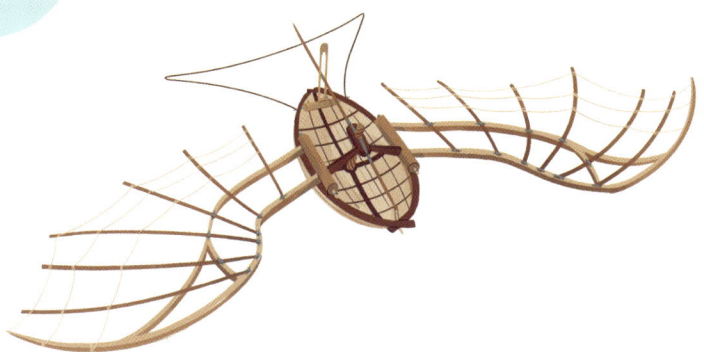

레오나르도와 인체 ··· 98

제 7 장
레오나르도의 생활도구
100

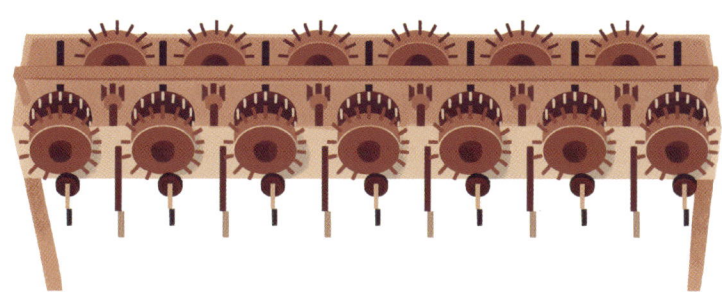

예술가 레오나르도 ··· 116
레오나르도와 프레스코화 ·· 118

제 8 장
록스타 레오나르도
120

레오나르도의 신비 ··· 134
작별의 시간 ·· 136
어휘 ·· 138
찾아보기 ··· 139

다양한 실험과 만들기

암호화 하기	17
소형 수로 만들기	19
도르래	27
탄성 조절 새총	33
장갑판	36
풍선 자동차	45
수 많은 나사와 볼트	49
정확한 조준	54
마찰 주의	58
스스로 곡선 그리기	66
탄성자동차 만들기	70
아르키메데스의 추진력	73
마찰의 문제	78
부력에 관한 실험	82
어떻게 비행기가 날까요?	87
낙하산 만들기	96
이동식 인쇄기	106
선풍기 만들기	114
내가 직접 만들어 보는 현악기	123
기계식 드럼 만들기	130

도전이 시작된다

"당신의 이름이 레오나르도라고요?"

앞에 있는 여자가 나를 바라보며 말했다.

"맞아요. 그런데 내 친구들은 레오라고 불러요." 내가 대답했다.

난 미소 지었지만, 그녀는 웃지 않았다. 마치 레몬 조각을 씹은듯한 얼굴이었다.

우리 주변에 있는 다른 사람들은 웅성거리며 얘기를 시작했다.

내가 처음 참가한 젊은 엔지니어들을 위한 모임에서 많은 동료를 알게 되고, 재미있을 거로 생각했었는데……. 이건 마치 벌 받으러 온 느낌이다.

'오늘 저녁 식사는 지루하군!'

"어디 출신이지요?"

"토스카나, 피렌체에서 가까운 도시요."라고 대답했다.

"어디라고요?"

"빈치."

그 여자는 또 놀란 듯이 나를 쳐다본다.

"그러니까 당신이 빈치에서 온 레오나르도라는 거죠?"

"그렇다니까요."

여자는 차고 있던 시계의 스크린을 터치한다.

"오 다행이네요. 우리 아직 2019년에 있어요. 잠깐 우리가 시간을 거슬러 여행했나 생각했어요."

난 애써 미소 지었지만, 그녀는 무표정이었다.

내 오른쪽에 하얀 긴 수염을 가진 노신사가 내게 물었다.

"굉장히 흥미롭군요. 혹시 당신이 천재적인 피렌체사람 레오나르도 다 빈치의 친척인가요?"

"네! 원래 레오나르도 다 빈치는 자녀가 없다고 들었어요. 그렇지만 형제들은 확실히 있었지요. 그가 죽은 지 500년이 지난 것을 고려했을 때 아마도 그는 저의 증삼촌 할아버지인 것 같아요."

"당신의 삼촌이라고요?" 그 여자가 외쳤다.

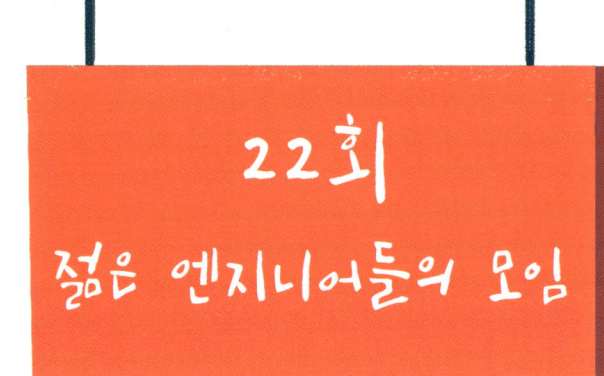

22회
젊은 엔지니어들의 모임

"아마 적어도 저의 증-증-증-증-증-증-증-증-증 삼촌 정도일 거라고 제 가족들이 얘기했어요."

그때 두 자리 떨어진 곳에 있던 또 다른 남자가 일어나더니 나에게 공격적으로 다가왔다.

"솔직히 말해봐요. 유명한 친척이 있었으면 하는 당신의 바람인 거죠, 맞죠?"

마치 그가 나에게 도전하는 듯 말했다. 그래서 나는 자리에서 일어났다.

"오늘 저녁, 이 모임에는 많은 엔지니어가 참석했어요. 레오나르도 다 빈치도 초창기 엔지니어 중의 한 사람이었어요. 역사상 가장 위대한 천재 중 한 사람!"

"하지만 그건 과대평가된 것이 분명해!"

난 내 귀를 믿을 수 없었다.

"레오나르도 다 빈치는 비행기를 발명했어요! 탱크도…"

"그렇지만 그건 그가 어디서 좋은 아이디어를 얻어 온 거겠죠. 그리고 실제로 실현된 프로젝트는 매우 적어요. 왜냐하면 불가능했기 때문이죠! 아니면 이상한 것들이거나."

내 앞에 있는 남자가 말했다.

나는 황당한 얼굴로 그 남자를 쳐다보았다.

"사실 레오나르도가 생각한 아이디어는 현대에서 실현하기에는 불가능한 것이 아니었을까요?"

"그렇지 않아요!"

"과연 그럴까요?"

그때 테이블 주변에 있던 모든 사람이 우리를 주목하며 레스토랑 안이 조용한 침묵에 휩싸이는 것을 깨달았다.

그리고 나는 또 다른 것을 깨달았다.

도전이 시작되었다.

그래서 나는 자리에 앉아 조상인 레오나르도 다 빈치에 대해 이야기를 하기 시작했다."

도전을 시작합시다!

누가 뭐라고 하던, 레오나르도 다 빈치는 지금까지 가장 훌륭한 사람 중 한 사람으로 평가됩니다.

그는 오늘날까지 인정받는 명작을 그렸고, 연극, 조각, 음악 분야에서도 일했어요. 궁전과 교회의 설계 프로젝트뿐 아니라 의학도 공부했고, 무엇보다도 위대한 발명가였어요. 이 책에서 우리는 레오나르도의 발명품과 오늘날 우리가 사용하는 것들을 비교해 보아요. 아마 놀랍고, 독창적인 것을 볼 수 있을 것입니다.

⭐나를 믿어요 놀라움은 사라지지 않을 거예요. - 레오의 말씀!

레오나르도의 삶

말썽꾸러기 레오나르도!

레오나르도는 1452년 4월 15일에 안치아노(토스카나주 빈치 근처에 있는 작은 동네) 지방의 공증인 세르 피에로의 사생아로 태어났어요. 사생아는 부모님이 결혼하지 않았다는 것을 의미하는데 그것 이외에도 레오나르도가 아버지의 유산과 업적을 상속받지 못한다는 의미이기도 했어요. 하지만 아버지인 세르 피에로는 그에게 다른 아이들과 똑같이 교육을 하고자 결심했고 그는 레오나르도에게 라틴어를 가르치고자 집으로 가정교사를 불렀어요.
그러나 라틴어는 결국 배우지 못했는데 (그는 평생 자신을 "글자를 모르는 사람"이라고 불렀다) 전해 내려오는 이야기에 따르면 레오나르도는 말썽꾸러기 학생이어서 조금만 기회가 있으면 창밖으로 도망쳐서 숲에서 놀거나 나무와 들풀을 감상하며 하루를 보내는 것을 더 좋아했다고 합니다.
그 대신 그는 그림에 대한 재능을 보여주었고 그래서 그의 아버지는 피렌체에 있는 안드레아 델 베로키오의 수습생으로 만들기 위해 그를 공방으로 보냈어요.

화가 수습생

레오나르도의 시대의 예술가는 그림 그리는 것 외에도 조각을 배운다든지, 집과 궁정을 설계한다든지, 가구를 제작하기도 하고, 보석을 만드는 등 모든 것을 할 수 있어야 했어요. 레오나르도는 항상 호기심이 많았기에, 이 모든 다양한 분야에 매료되기 시작했어요. 그는 너무 재능이 뛰어나고 훌륭하게 잘해서 4년이 지난 후 베로키오는 자신의 공방을 떠나 레오나르도에게 공방을 열어보라는 제안을 했어요. 다시 말해 레오나르도의 실력은 이미 스승을 뛰어넘고 있었어요.

그는 그림을 그리기 시작하면서 명성이 쌓이기 시작했어요. 무엇보다도 그림 그리는 일을 좋아했고, 매우 열정적으로 시작했어요. 그러나 그는 주문받은 그림을 끝까지 완성하지 않는 일이 잦았어요. 어떤 이유로든 그 일을 끝까지 하지 않았어요. 사실 레오나르도는 매우 창의적이고 여러 분야에 관심이 많아서 하는 일을 쉽게 지루해했어요.

또한, 재능 있는 청년이었던 그는 피렌체의 로렌초 데 메디치의 후원을 받으면서 음악가로도 인정을 받았어요. 어느 날 밀라노의 공작 루도비코 일 모로가 로렌초에게 편지를 보내 "재능 있는" 음악가를 보내 달라고 청했는데 그때 레오나르도를 선택했어요.

음악가 하지만 다양한 재능

레오나르도는 악기를 가지고 밀라노에 도착했어요. 궁정에서는 루도비코 일 모로를 위해 연주뿐 아니라 더 많은 일을 할 수 있다고 얘기했어요. 그 말은 행동으로 바로 이어졌지요.

얼마 안 되어서 레오나르도는 화가, 조각가, 디자이너, 기술자, 연극 무대 디자이너, 각종 행사와 축제의 설계자로 자리매김했어요.
그가 밀라노에서 지내는 동안 그는 최후의 만찬과 같은 그의 가장 유명한 예술작품을 만들었고 많은 발명품을 남겼어요.
불행히도 1500년대 레오나르도가 48세가 되었을 때, 프랑스인들이 도시를 공격해 왔어요.
공격을 받은 루도비코 일 모로는 도망쳐야만 했고, 레오나르도 역시 밀라노를 떠나 그와 같이 생활하던 친구들, 조수들과 함께 안전한 곳을 찾아 긴 여행을 떠났어요.

방랑하는 일 년

레오나르도는 그의 작품 활동을 하기 알맞은 집을 찾기 위해 여행을 시작했어요.
그는 멀리 이탈리아로 가서 여기저기 옮겨 다녔어요. 만토바에 있는 이사벨라 데스테의
궁정에 갔다가 베네치아에 그리고 그의 고향인 피렌체에서 로마로 그리고 우르비노, 리미니,
페사로, 다시 피렌체에서 로마에 있는 교황의 궁정까지 갔어요.
레오나르도는 항상 그와 함께 일하고 생각을 공유하는 사람들이 팀을 만들어 다녔지만
시대적 상황으로 봤을 때 그의 삶은 평범하지 않았어요.
사실 그 해에 이탈리아는 서로 끊임없는 전쟁으로 인해 작은 국가로 나누어 졌고,
일하기 위해 예술가는 권력가들의 보호를 받아야 했어요. 그래서 다른 것보다도
그는 정치 전문가가 되어야만 했지요.
레오나르도는 힘 있는 사람들을 기쁘게 하는데 능숙한 사람이었지만 또한 불신한 사람이기도
했어요. 어릴 때 창문 밖으로 도망갔을 때처럼 항상 약속을 지키지 못했거든요.
일을 종종 반만 하고 끝내는 경우도 있었어요. 그래서 눈 밖에 난 적도 많았어요.
어떤 때에는 운이 나빴어요. 로마 교황님께서 중요한 공학 임무를 맡기셨는데 유감스럽게도
교황이 죽음을 맞이했고, 그 일은 중단되었어요. 그래서 레오나르도는 다시 떠나야만 했지요.

프랑스로 간 레오나르도

1517년 그는 프랑스에 도착했고, 프란치스코 1세가 암부세 근처에 있는 성에서 살자고 제안을 했어요.
그곳에서 레오나르도는 마침내 그가 찾고 있던 평화와 그가 원하는 대로 일할 수 있는 환경을 발견했어요.
비록 그는 은퇴할 나이였지만 계속해서 그림을 그리고 더 많은 것을 연구했고, 궁전과 정원을 디자인했으며
파티를 위한 무대를 만들었어요. 그리고 그는 그를 더욱 매료시킨 해부학을 더 깊이 연구했어요.
불행히도 이 평온한 시기는 단 2년밖에 지속하지 않았어요. 1519년 4월 레오나르도는 병이 났고,
그 직후인 5월 2일, 그의 마지막 집이었던 성안의 방에서 죽음을 맞이했어요. 오늘날에도 그의 무덤이
그곳에 있어 볼 수 있어요.
프란치스코 1세 왕은 레오나르도를 매우 좋아해서 위대한 천재가 사라졌다는 것을 알았을 때
눈물을 흘렸다고 합니다.

레오나르도의 코드

"난 레오나르도가 그렇게 흥미로운 삶을 살았는지 몰랐어요."
내 자리에서 세 자리 떨어진 곳에 앉은 한 젊은 동료가 말했다.
내가 이미 관찰을 했었는데 그녀는 나와 비슷한 나이인 듯했고, 파란색 테두리의 큰 안경을 끼고 있었고, 예쁘게 웃고 있었다.
"고마워요."
"줄리아, 내 이름은 줄리아예요." 그녀가 말했다.
나는 미소로 대답했다.
"휴~." 갑자기 불만이 많아 보이는 남자가 한숨을 쉬며 자리에서 일어났다.
"당신은 인터넷이나 책에서 찾을 수 있는 정보만 우리에게 이야기했어요. 마침 책 얘기가 나와서 말인데 내가 책을 하나 썼는데……"라며 거만한 얼굴로 몸을 굽혀 그의 가방에서 두꺼운 책을 꺼냈다.
심지어 책 표지에는 그의 얼굴이 있었다.

어마어마한 메모장

레오나르도는 한 권의 책도 출간하지 않았지만 그가 남긴 글(메모)은 믿을 수 없을 정도로 방대합니다. 그의 글에서 무엇이 그를 흥미롭게 만들었는지, 거의 모든 내용이 적혀있어요. 우리는 기계들의 스케치, 명언과 격언, 인체의 그림을 발견했을 뿐만 아니라 그의 가장 유명한 그림들을 연습한 것까지 발견했어요.
한 가지 이상한 것은 레오나르도 자신의 개인적인 삶에 대해 적은 글은 거의 없었어요.
메모 내용 중에 가끔 일상적인 삶에 관한 얘기가 나오긴 했어요. 예를 들면 발명품에 관한 메모 중 어떤 시점에서 "근데 왜 수프가 차가워!"하며 갑자기 메모가 끝납니다.
여기서 우리는 저녁 식사 위해 메모를 포기하는 위대한 천재를 상상할 수 있어요.

그는 자기의 책을 자랑하려고 일부러 이 모임에 참석한 듯했다.
"반면에 레오나르도는 몇 권의 책을 썼죠?"
"한 권도 안 썼어요. 하지만 대신 그는 우리에게 수천 장의 메모를 남겼어요. 이 종이 안에서 우리는 그의 프로젝트 대부분을 찾을 수 있어요."
레오나르도가 죽은 후에, 불행히도 몇몇 노트는 분실되었지만, 다른 노트들은 수집되어 보존되었다. 그 이후에 그것들은 "코드"라고 불린다.

거꾸로 쓴 글

모두가 아는 대로 레오나르도는 왼손잡이여서 왼손으로 글을 쓰곤 했어요. 그리고 메모를 거꾸로 쓰는 것으로도 유명했어요. 오른쪽에서 왼쪽으로 쓴 메모의 글을 이해하려면 거울에 비친 글을 보아야 했어요.
그런데 왜 레오나르도는 그렇게 했을까요? 몇 가지 다양한 의견이 있는데, 그중 가장 재미있는 의견은 레오나르도가 화가 수습생일 때 그의 친구들을 놀리기 위해 그런 식으로 글 쓰는 법을 배웠다는 것이에요. 거꾸로 쓰는 것은 마치 마법처럼 보였어요.

암호화 하기

암호는 그리스어로 "숨겨진 글"을 의미하고, 누군가 글을 읽는 것을 막는 역할을 합니다. (예를 들어 친구나 동생) 다음 소개하는 세 가지 방법의 암호화를 사용해서 비밀을 만들어 보세요.

• **거꾸로 쓴 글**
레오나르도처럼 거꾸로 된 글자로 오른쪽에서 왼쪽으로 글을 쓰도록 훈련하세요. 만약 여러분이 그것을 어떻게 하는지 모른다면, 평소대로 글을 쓴 종이를 거울에 비추어 보고, 거꾸로 된 글자들을 따라 써 보세요!

• **마법 잉크**
이것은 보이지 않는 잉크이기 때문에, 쓰인 페이지는 단순한 흰색 종이로 나타납니다. 이것을 하는 가장 쉬운 방법은 레몬주스에 담근 이쑤시개로 쓰는 것입니다. 이 글을 보려면 용지에 불꽃을 댈 때만 나타납니다.

• **카이사르의 암호 표**
그것은 가장 오래된 암호 중 하나입니다. (율리우스 카이사르가 발명한 것이라고 합니다) 네모난 종이에 알파벳 전체를 씁니다. 아래 줄에서 한 자리로 모든 글자를 이동하여 다시 쓰십시오.
즉 B로 시작하고 A로 끝납니다.
이렇게
A B C D E F G H I L M N O P Q R S T U V Z
B C D E F G H I L M N O P Q R S T U V Z A
이제 이 표를 사용하여 첫 번째 줄의 모든 문자를 두 번째 줄의 문자로 바꿉니다. 예를 들어 C가 D라면 I가 L이 되고 A는 B가 됩니다. CIAO는 DLBP가 될 것입니다.
정말 해독하기 어렵죠?

1장

기술자
레오나르도

기술자들은 매우 전문적이고, 세분되어 있어요. 건설 분야, 기계 분야, 정보통신 분야, 기술 분야, 운송 분야, 화학 분야 등의 다양한 기술을 가진 사람들이 있습니다. 하지만 레오나르도가 살던 시대에는 그렇지 않았어요. 예술가들이 과학 분야를 포함하여 더 많은 다양한 분야에 재능이 있어야 했어요.

배관공 레오나르도

레오나르도의 천재적 업적 중 하나는 배관 공학이었어요.
르네상스 시대에는 집마다 수도꼭지를 가지고 있지 않았기 때문에 도시에서는 종종 시민들이 물을 가져올 수 있도록 강에 배관을 설치했고, 운하 시스템을 만들었어요. 그 당시에는 육로로 여행하는 것이 느리고 복잡했어요. 그래서 배를 사용하여 훨씬 더 빠르게 움직일 수 있는 강이 중요한 고속도로 역할을 하였어요.

이 점에서 레오나르도는 뛰어난 사람이었고, 모든 주제는 그에게 특별하고 흥미로웠어요. 그가 도시를 여행하거나 돌아다닐 때, 그는 일하는 사람들을 관찰하고 그들에게 힘든 점을 물어보는 것을 즐겼어요. 그리고 레오나르도는 어떻게 하면 더 빨리 혹은 더 쉽게 일할 수 있는지에 대한 아이디어와 발명품을 제안하여 노동자들을 도울 수 있는 기계를 발명했어요.

피렌체의 강 아르노

아르노강은 레오나르도의 도시 피렌체에서 피사를 거쳐 바다로 흘러 들어갑니다. 르네상스 시대, 시민들은 아르노강에 대해 문제를 제기했어요. 지대마다 다른 높낮이와 폭포가 배의 항해를 불가능하게 했으며, 게다가 강은 길고 구불구불하고, 강둑이 무너져 산사태가 일어났어요. 그래서 레오나르도는 항해할 수 있도록 하천 바닥을 정비했어요. 그 항로가 피렌체에서부터 바다까지 이어지는 고속도로 역할을 할 수 있다는 상상을 하면서요.

소형 수로 만들기

준비물
- 빨대 한 봉지
- 접착테이프
- 컵
- 높이가 다른 받침대

장거리로 물을 운송하는, 예를 들어 정원이나 욕실 한쪽에서 다른 쪽으로 물을 운반하기는 쉽지 않아요. 하지만 고대 로마인은 수로를 건설함으로써 이것을 쉽게 할 수 있었는데 그들은 약간 경사져 있는 긴 수로를 만들었어요. 이 방법으로 물은 믿지 못할 정도로 멀리 갈 수 있었어요.

그것이 어떻게 작용하는지 보려면, 여러분의 수로를 만들어보세요. 빨대 하나 안에 다른 빨대를 끼워서 하나의 긴 뱀 모양을 만들어 보아요. 접착테이프로 빨대 사이의 접합부를 붙인 다음 받침대를 사용하여 높이의 차이를 두고 수로를 배치합니다. 견고성을 높이기 위해 접착테이프로 빨대를 받침대에 고정합니다. 마지막 빨대 끝에 컵이 오도록 합니다. 이제 물 한 모금 마시고 조심해서 빨대 수로에 넣어주세요. 만약 모든 것이 잘 되면, 그 컵에 물이 가득 찰 것입니다. 그렇지 않으면 받침대를 늘리거나 높이를 잘 조정해야 하고 혹은 세는 구멍을 막아야 합니다.

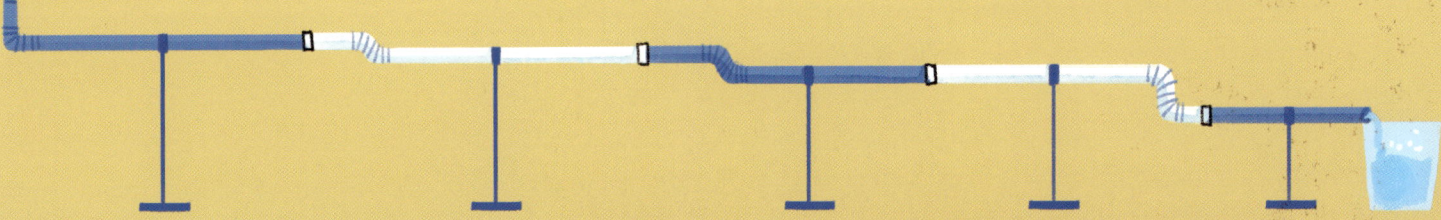

다리! 가장 오래된 것은 청동기 시대로 거슬러 올라가며, 신발이 젖지 않고 강을 건너도록 해줍니다. 그런데 강 위에 다리가 있으면 배는 어떻게 항해할 수 있을까요? 유일한 해결책은 배를 통과시킬 수 있는 다리를 만드는 것입니다. 여기 레오나르도의 회전식 다리가 그러한 역할을 합니다.

회전식 다리

교각 기둥이라 불리는 이 커다란 중앙기둥은 두 개의 측면 연결봉 덕분에 다리 전체의 무게를 지탱합니다.

포물선 모양은 다리가 회전할 때 무게를 더 잘 분배하고 교각 기둥 근처로 무게를 집중시킵니다.

돌로 만든 **지지대**는 다리 기둥 사이의 균형을 잡는데 도움을 줍니다.

이 다리는 사람이나 동물에 의해 작동하는 두 개의 대형 **크랭크**(감아올리는 기계) 덕분에 회전할 수 있습니다.

나에게 지렛대를 주면 내가 세상을 들어 올리겠소!

가방과 같은 무거운 물건을 손으로 들고 팔을 쭉 펴고 잡아보세요. 아주 힘들죠? 이제 팔꿈치에 가방을 걸어 놓으세요. 덜 힘듭니다! 이것은 지렛대의 원리에 의해 설명됩니다. 무게가 받침점(이 경우에는 어깨)에서 가까워질수록 무게를 들어 올리는 데 필요한 힘은 적어집니다. 이처럼 교각 기둥에 연결된 두 개의 연결봉이 지렛대 역할을 하여 한쪽으로 쉽게 이동하는 이유입니다. 무게는 받침점인 교각기둥 부분에 집중됩니다.

호기심 "나에게 지렛대를 주면 내가 세상을 들어 올리겠소"라는 문구는 고대 그리스의 유명한 발명가이자 과학자인 아르키메데스가 한 말입니다.

아직도 작동 중인 유명한 회전 다리는 이탈리아 타란토 지방에 있습니다. 근처에 해군 기지가 있어 함선이 통과할 때 회전합니다! 오늘날 다리는 반드시 회전해야 하는 것은 아닙니다. 접이식 다리와 수직으로 들어 올리는 다리가 있습니다.

움직이는 다리

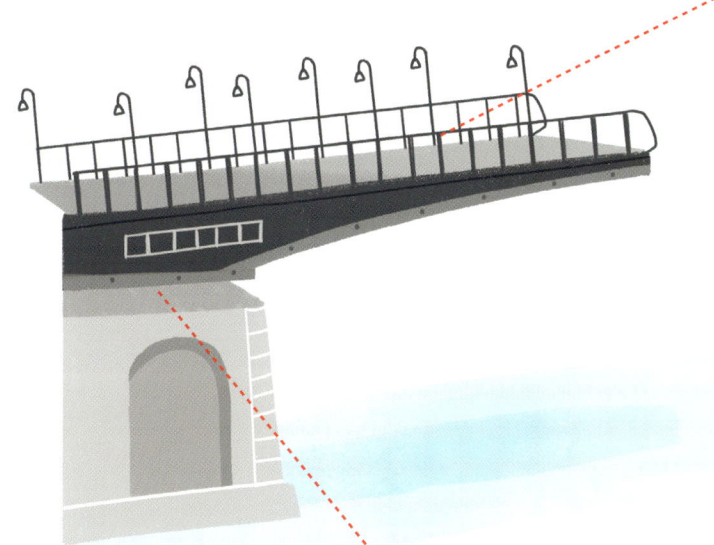

운하가 매우 넓어서 다리는 **두 부분**으로 나누어져 중앙에서 합체됩니다.

레오나르도의 다리와는 달리, **중심축**은 끝에 있지 않고 앞으로 약간 이동되어 무게의 균형을 잡습니다.

다리는 강력한 **전기모터**에 의해 구동됩니다.

운하가 강으로 변한다면?

강의 폭이 너무 넓으면, 이 페이지에서 설명한 대로 강을 건너기 위한 유일한 방법이 다리를 두 개로 나누는 것입니다. 운하에서의 레오나르도의 회전 다리는 매우 길고 넓은 폭을 유지해야 합니다. 그래서 매우 높고 강한 교각 기둥도 필요합니다! 레오나르도는 넓은 강을 건너는 경우 근본적인 해결책을 생각했는데 그것은 강 중간에 배로 지탱해주는 다리입니다.

물은 이동성을 제어하기 어렵습니다. 이것이 인류가 항상 저수지, 관개 수도관 및 수로로 물을 모으려고 하는 이유입니다. 레오나르도는 수년 동안 물의 흐름을 통제하고 수로를 만드는 방법을 연구했습니다. 그의 발명품 중에는 가장 중요한 수문이 있는데, 이것은 강의 흐름을 막거나 임의로 늦출 수 있습니다.

운하의 수문

수문은 윤활유가 잘 칠해진 가이드 (운동을 하도록 유도하는 안내장치) 안 쪽에서 움직입니다. 그렇지 않으면 압력 때문에 움직이지 않게 됩니다!

이 크랭크를 돌리면 수문이 위아래로 움직여 물의 양을 조절합니다.

수문 바닥에 박힌 **핀**이 강바닥과 접지력을 높여 수압에 잘 견디게 해줍니다.

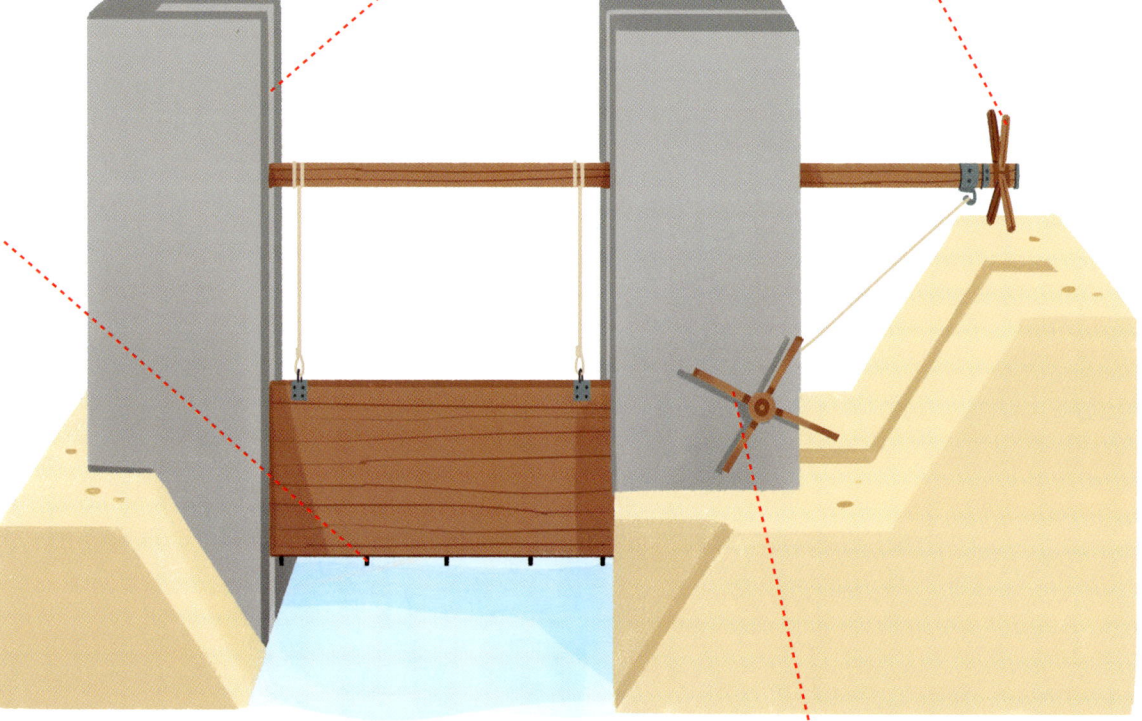

내압 가마 (오토클레이브)

수문이 닫히면 수압이 가이드를 압박하여 모든 빈틈을 막아 밀폐시킵니다. 이렇게 하면, 물이 지나가는 것을 막고 모든 출구는 닫힙니다. 압력을 사용하는 이런 유형의 폐쇄 장치를 내압 가마라고 합니다. 주방에서 찾을 수 있는 실질적인 예가 바로 압력솥입니다. 뚜껑이 제자리에 찾아 들어가 닫히면 내부에 형성된 증기의 힘으로 밀봉됩니다.

이 두 번째 크랭크는 가로막대처럼 수문을 올리는 역할을 합니다. 다른 편으로 가야 하는 배가 있다면 매우 유용합니다!

오늘날에도 움직이는 수문은 관개용수용, 운하에 이르기까지 큰 강에서 물의 흐름을 제어하는 데 필수적입니다. 보시다시피, 그것은 레오나르도가 발명한 것과 아주 흡사합니다.

움직이는 수문

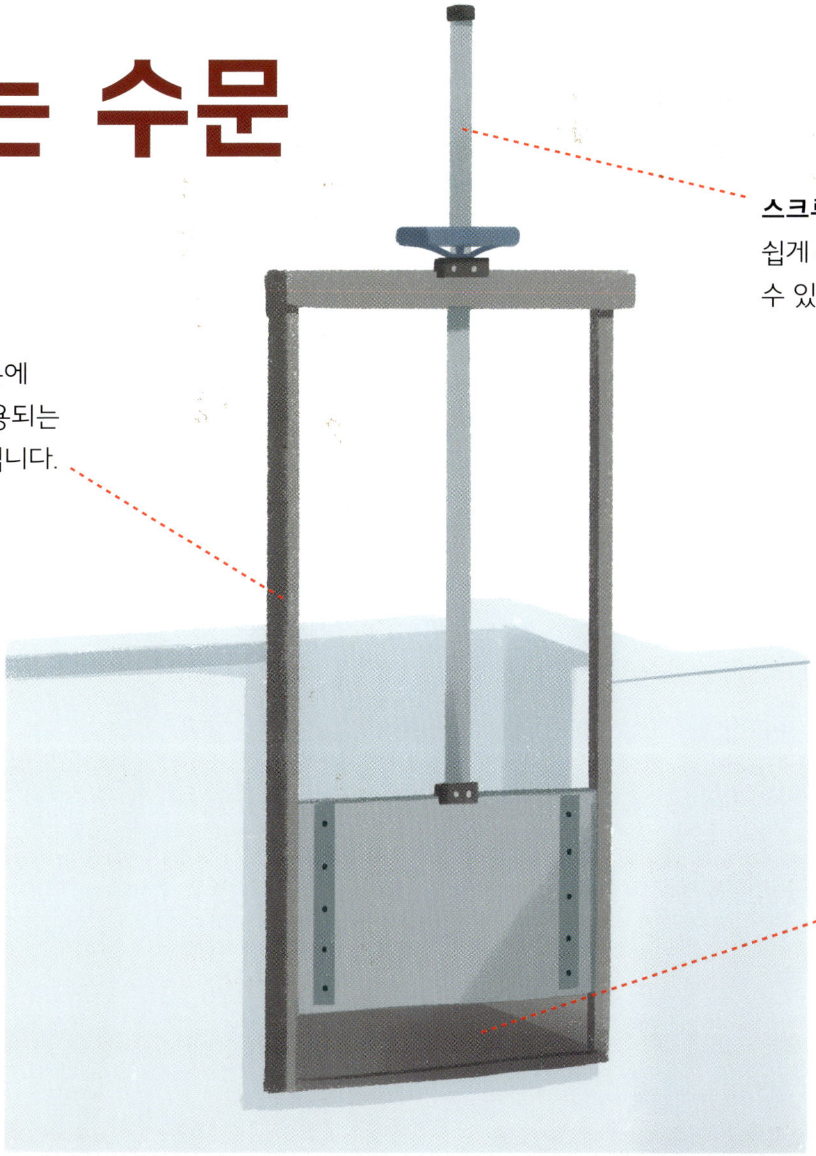

스크루(오르고 내리는 장치)는 쉽게 수문을 높이거나 낮출 수 있게 합니다.

오늘날의 수문에 가장 많이 사용되는 재료는 **강철**입니다.

이 경우에도 수문 아래의 열린 부분은 **물의 흐름**을 조절할 수 있습니다.

선박 갑문 (수위조절장치)

수문은 또한 선박 갑문에도 사용됩니다. 이 장치는 배가 물의 높이 차이를 이용하여 계속 항해 할 수 있게 합니다. 이것은 다음과 같이 작동합니다.
- 외측 수문을 열고 갑실 내의 수위를 조절한다.
- 외측 갑문이 열리고 배가 갑실로 들어간다.
- 외측 갑문이 닫히고 내측 수문을 열어 갑실 내의 수위를 조절한다.
- 배를 최고 높이까지 올리고 내측 수문을 닫는다.
- 내측 갑문을 열면 배는 계속 항해할 수 있다.

땅에 박혀있는 기둥은 건물을 지을 때 기초가 되고 공사 현장에서 유용한 기능을 합니다.
문제는 기둥을 깊게 박는 것이 어려운 작업인데 레오나르도는 쉽게 할 수 있는 기계를 생각해 냈습니다.

말뚝 박는 기계

일정한 높이에 도달하면, 연결부가 **자동 해제 장치**에 의해 떨어져 나와 기둥머리를 때립니다. 퍽!

이 무거운 **나무 기둥**은 망치의 머리와 같은 역할을 합니다.

만약 작업자가 크랭크를 놓친다면? 이 **잠금장치**는 빠르게 떨어지는 나무 기둥을 막아줍니다.

크랭크를 돌리면 작업자가 많은 힘을 들일 필요 없이 줄을 연결부까지 들어 올립니다.

힘 증폭기

마술사가 손바닥으로 못을 벽에 박는 것을 본 적이 있습니까? 시도하지 마세요! 그렇게 할 수 없을 거고 (아무도 그렇게 할 수 없어요), 119를 불러야 할 것입니다! 그래서 망치가 존재합니다. 이 간단한 발명품은 타격부, 즉 망치의 무거운 머리 덕분에 작업자의 동작 속도에 따라 에너지를 축적하여 벽에 못을 박는 데 사용할 수 있습니다. 레오나르도의 말뚝 박는 기계는 같은 원리로 작동합니다. 단지 곡선을 만드는 대신 수직으로 움직입니다!

운전자가 운전실에서 안전하게 작업할 수 있는 불도저와 비슷하게 보이지만 레오나르도의 발명품처럼 작동합니다!
오늘날 천공기(구멍 뚫는 기계)는 땅에 말뚝을 박고 우물을 파내기 위해 사용됩니다.
토양에 따라 말뚝 박는 머리 대신 거대한 드릴을 사용할 때도 있습니다.

천공기

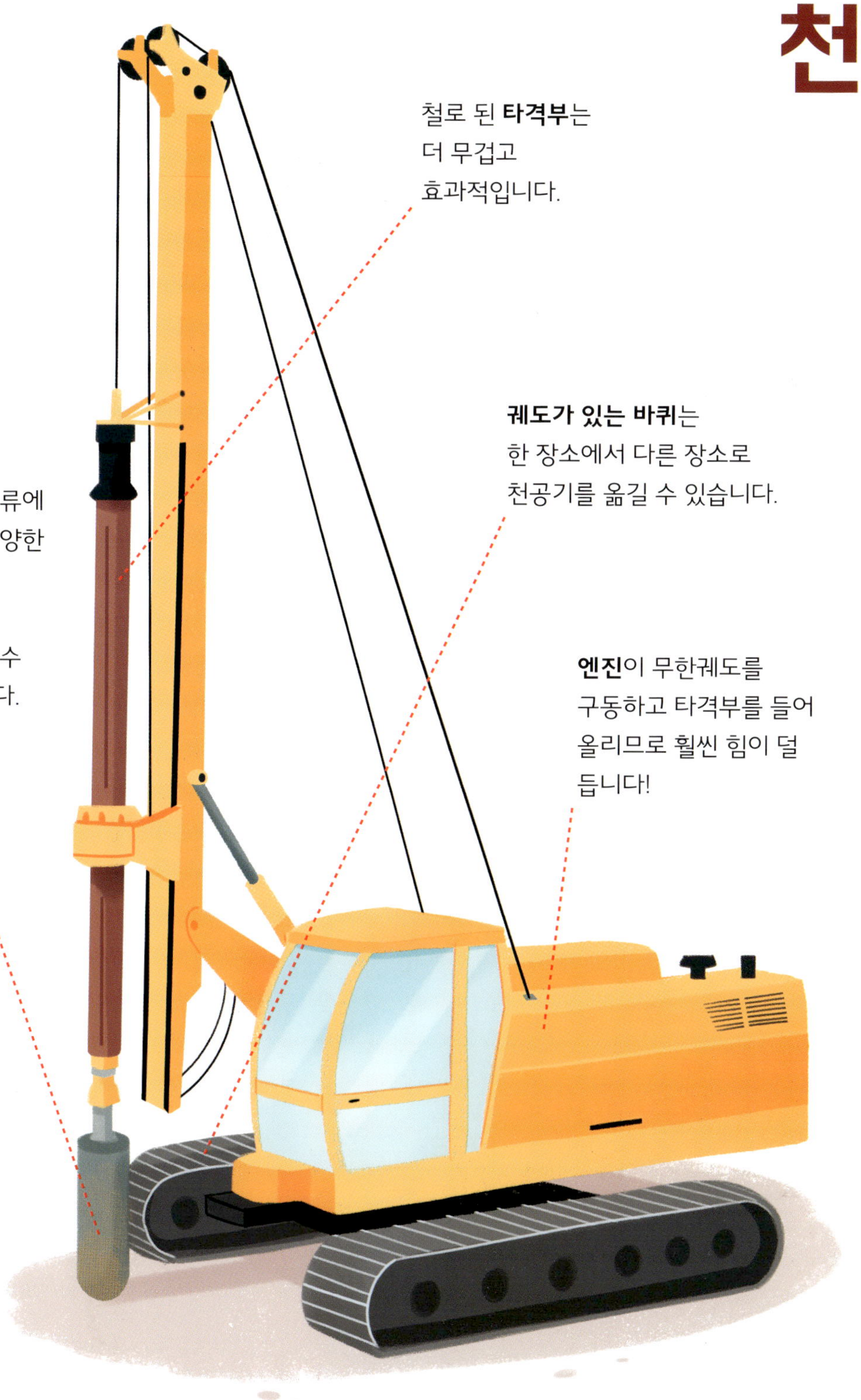

철로 된 **타격부**는 더 무겁고 효과적입니다.

궤도가 있는 바퀴는 한 장소에서 다른 장소로 천공기를 옮길 수 있습니다.

토양 종류에 따라 다양한 형태의 **머리**를 사용할 수 있습니다.

엔진이 무한궤도를 구동하고 타격부를 들어 올리므로 훨씬 힘이 덜 듭니다!

말뚝 위의 도시

베네치아는 세계에서 가장 아름다운 도시 중 하나입니다. 하지만 말뚝 없이는 존재할 수 없는 마법의 장소입니다!
베네치아의 대부분 건물들은 실제로 해저에 박은 나무 말뚝 위에 인공 섬을 만들어 지었습니다. 섬을 만들려면 제곱 미터당 길이 3m, 폭 30cm의 말뚝 8개 또는 9개가 필요합니다. 이 기초에 돌, 나무와 벽돌을 기초로 쌓고 마지막으로 건물들을 세웠습니다. 흥미로운 것은 말뚝이 완전히 땅속에 잠겼을 때 물에 젖지 않고 부패하지 않으며 석화되어 더 강하고 단단해진다는 것입니다.

가장 힘든 일 중 하나는 바닥에서 매우 무거운 물건을 들어올려야 하는 것입니다.
(허리를 다치게 하지 않도록 주의해야 합니다) 그럼 무게가 너무 무거운 경우는 어떡할까요?
힘을 증폭시킬 수 있는 기계가 필요합니다. 그래서 레오나르도가 권양기(감아올리는 기계)를 발명한 것입니다.

권양기

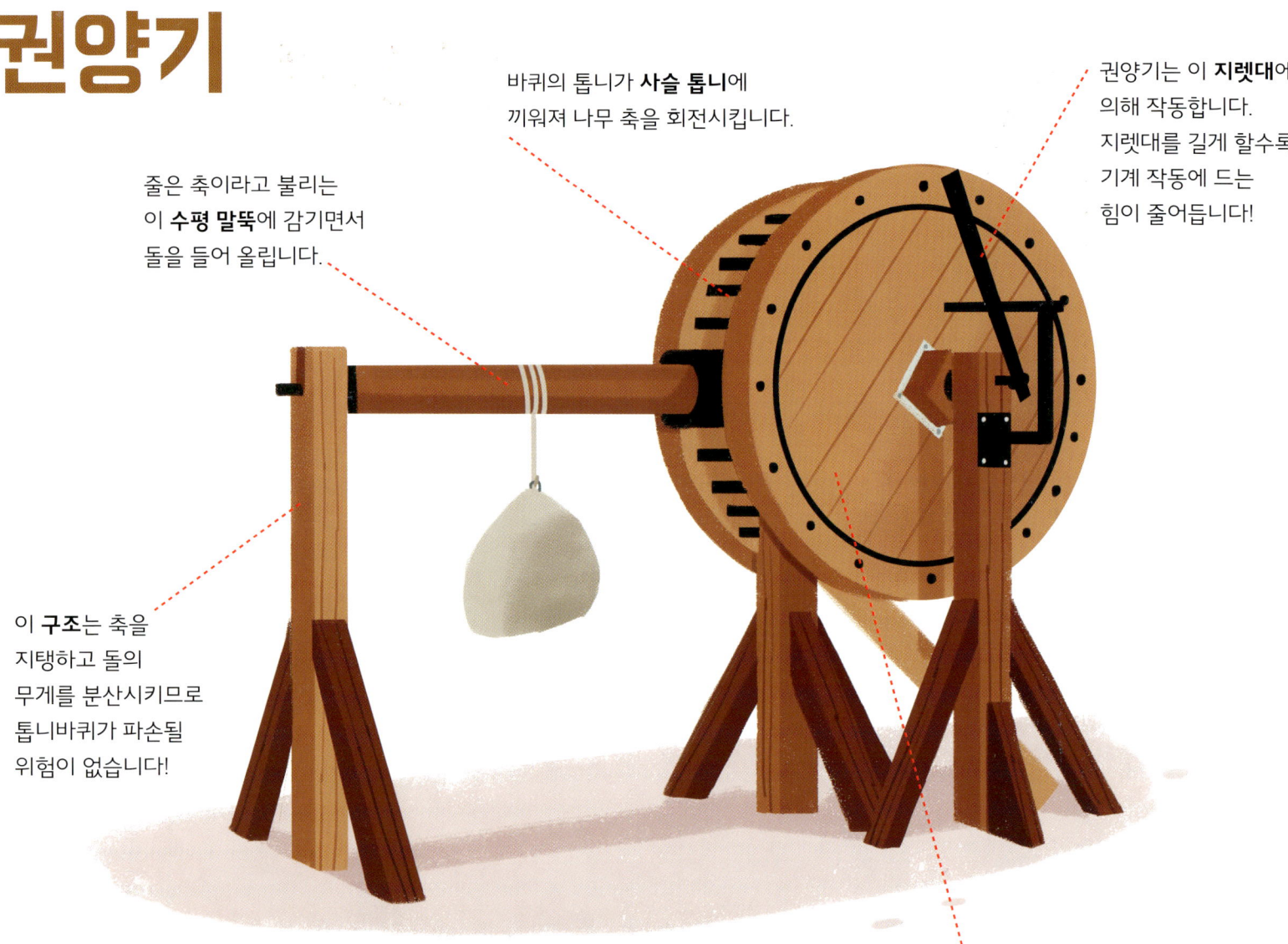

바퀴의 톱니가 **사슬 톱니**에 끼워져 나무 축을 회전시킵니다.

권양기는 이 **지렛대**에 의해 작동합니다. 지렛대를 길게 할수록 기계 작동에 드는 힘이 줄어듭니다!

줄은 축이라고 불리는 이 **수평 말뚝**에 감기면서 돌을 들어 올립니다.

이 **구조**는 축을 지탱하고 돌의 무게를 분산시키므로 톱니바퀴가 파손될 위험이 없습니다!

이 **두 개의 바퀴**는 지렛대의 직선운동을 회전운동으로 바꿉니다.

지렛대 안에 또 다른 지렛대

쇠 막대와 같은 지렛대 하나를 매우 무거운 상자 밑에 넣는 것을 상상해 보세요. 지렛대가 적당히 길고 충분한 힘을 준다면 상자를 쉽게 들어 올릴 수 있지만 지렛대 길이가 몇 cm밖에 안되면 무척 힘듭니다.
레오나르도가 발명한 기계는 지렛대를 돌리는 힘으로 톱니바퀴를 움직여, 짐을 높은 높이로 들어 올리기 때문에 대단합니다. 지렛대의 움직임은 한 단계씩 톱니바퀴를 움직이게 하고, 이 방법으로 돌은 계속해서 들어올려 집니다.

오늘날 권양기는 벽돌이 가든 찬 양동이를 옥상까지 들어 올리는 등 여러 작업에서 사용됩니다. 이 장치는 레오나르도의 장치보다 훨씬 작고 운반이 쉽지만, 톱니바퀴와 지렛대 및 잠금 장치의 역할은 정확히 같습니다!

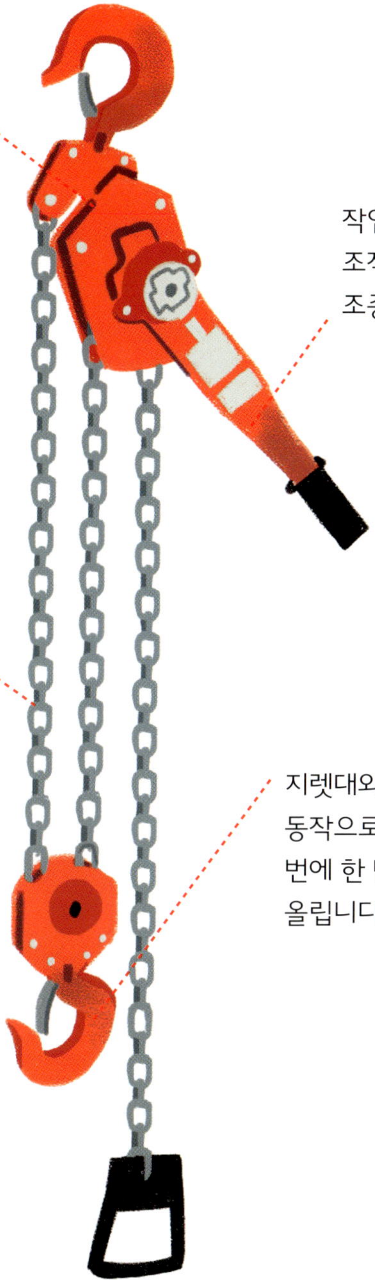

지렛대가 매우 짧아서 현대의 권양기는 **도르래** 시스템을 사용하여 힘을 증폭시킵니다.

작업자는 이 **지렛대**를 조작하여 권양기를 조종합니다.

체인은 끈보다 훨씬 견고해서 100배나 더 무거운 짐을 지탱할 수 있습니다.

지렛대와 도르래의 동작으로 **고리**를 한 번에 한 단계씩 들어 올립니다.

현대의 권양기

도르래

준비물
- 의자 또는 얇고 둥근 다리가 있는 의자 2개
- 책상 1개
- 다 쓴 화장지롤 4개
- 끈
- 무거운 물체 (예: 돌이 가득 찬 양동이)

의자를 테이블에 올려놓고 옆으로 뒤집습니다.
화장지롤을 그림처럼 교대로 다리에 삽입합니다.
무거운 물체를 끈의 한쪽 끝에 묶은 다음 첫 번째 롤 주위로 끈을 끼우고 들어 올리도록 잡아당깁니다. 무게가 변하지 않는다는 것을 느낄 것입니다. 이제 설치한 모든 롤에 대해 끈을 위아래로 통과시킵니다. (롤은 단순히 마찰을 줄이는 역할을 합니다)
다시 끈을 당겨보십시오. 물체를 훨씬 적은 힘으로 들어 올리는 것을 알 수 있습니다!

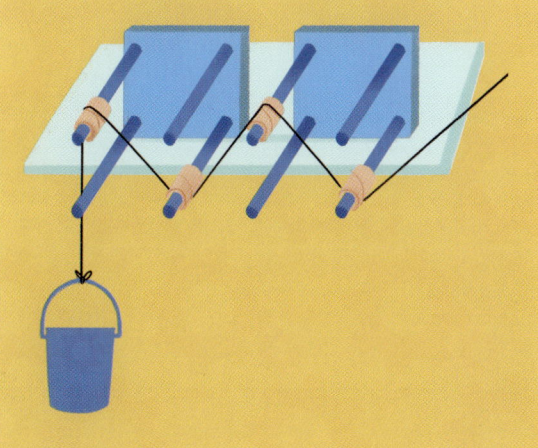

배가 강을 항해하려면 강바닥이 적당히 깊어야 합니다. 그러나 시간이 지남에 따라 강바닥은 진흙과 물살이 운반한 퇴적물로 가득 찰 때가 많습니다. 그러면 강바닥을 정비해야 됩니다. 레오나르도의 준설선은 운하 바닥을 파서 진흙을 제거하도록 설계되었습니다!

준설선

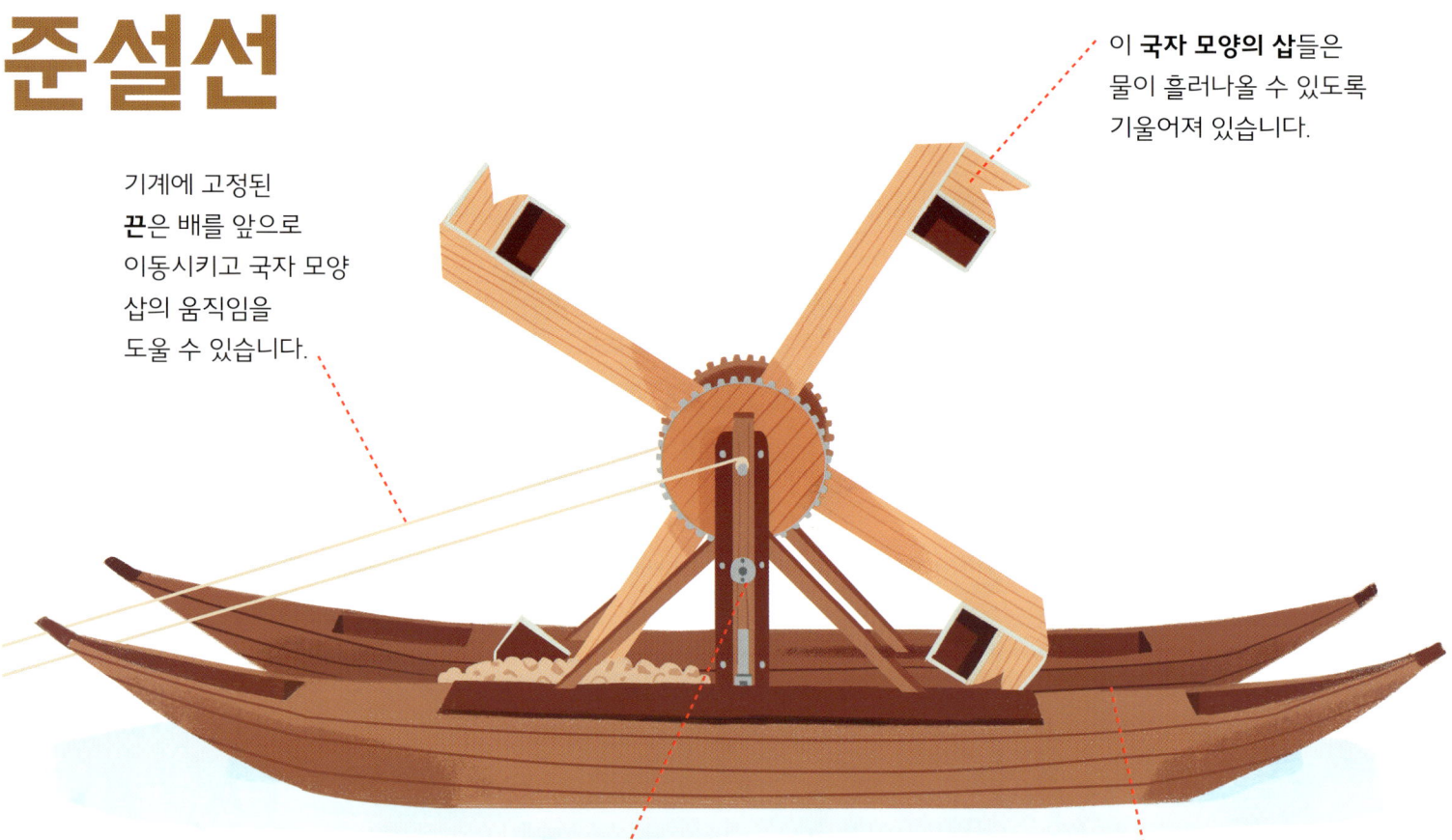

이 **국자 모양의 삽**들은 물이 흘러나올 수 있도록 기울어져 있습니다.

기계에 고정된 **끈**은 배를 앞으로 이동시키고 국자 모양 삽의 움직임을 도울 수 있습니다.

기계의 **높이**를 조정하여 얼마나 깊이 파 내려갈지를 통제할 수 있습니다!

준설선에는 **두 개의 선체**와 중앙에 하나의 뗏목이 있는데 여기에 삽에서 떨어지는 진흙이 쌓이게 됩니다. 뗏목에 진흙이 가득 차면 다른 뗏목으로 교체됩니다.

밀라노의 나빌리오 운하

레오나르도가 밀라노에서 수년 동안 일해온 프로젝트는 밀라노 도시를 관통하는 인공 운하 시스템인 나빌리오 프로젝트였습니다. 루도비코 일 모로는 레오나르도에게 기존 하천망을 개선하도록 명령했지만 불행히도 프랑스가 도시를 정복했을 때 작업이 중단되었습니다.

⭐ 호기심 "아 우포(a ufo)"라는 단어는 "지불하지 않고"라고 말할 때 사용되었는데, 밀라노의 새로운 두오모 대성당의 건축 자재는 도시 세금을 납부할 필요가 없어서 양쪽에 AUF(공장에서 사용, ad usum fabricae)라는 문자가 찍힌 특별한 배로 운송되었습니다. 그래서 이 시기부터 "아 우포(a ufo)"라는 단어가 파생됩니다.

운하와 항구의 유지 보수는 배가 안전하게 항해할 수 있도록 하는 기본적인 작업입니다.
이를 위해 준설선은 항상 일해야 합니다. 알맞은 깊이로 강이나 바다를 유지하는 것은
배가 좌초하는 일을 막아줍니다.

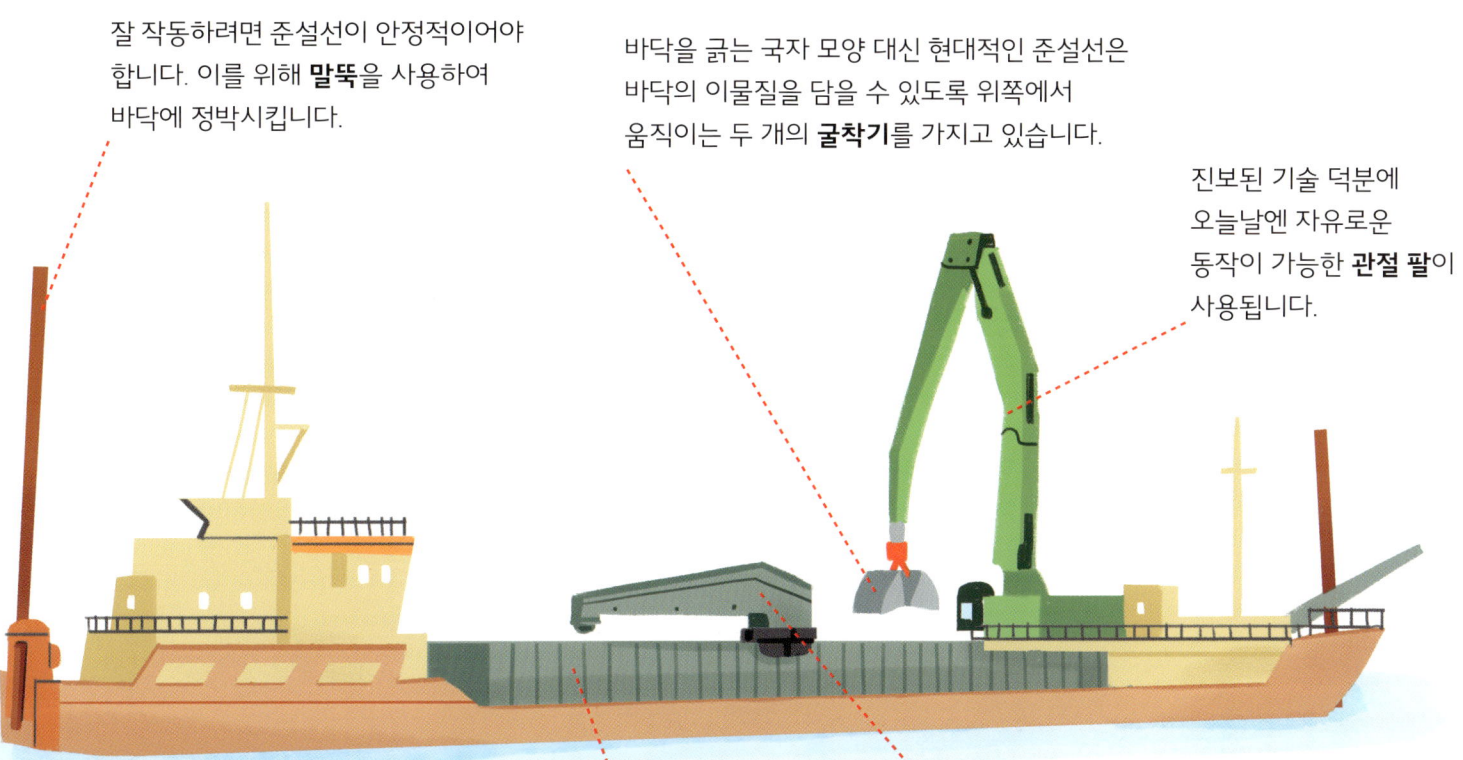

잘 작동하려면 준설선이 안정적이어야 합니다. 이를 위해 **말뚝**을 사용하여 바닥에 정박시킵니다.

바닥을 긁는 국자 모양 대신 현대적인 준설선은 바닥의 이물질을 담을 수 있도록 위쪽에서 움직이는 두 개의 **굴착기**를 가지고 있습니다.

진보된 기술 덕분에 오늘날엔 자유로운 동작이 가능한 **관절 팔**이 사용됩니다.

수거 구역에는 물이 흘러나와 흙, 돌멩이 및 기타 퇴적물만 남도록 하는 **구멍**이 있습니다.

바닥에 모래와 많은 물이 있을 때, 이 **펌프**는 물을 바다로 더 빨리 방출합니다.

굴착기 준설선

양동이 준설선

굴착기 준설선은 국자 모양의 삽 대신에 굴착기를 사용하지만, 레오나르도의 아이디어와 비슷하게 사용되었습니다.
넓은 해저(예를 들어 항구 건설)에서 작업해야 하는 경우 양동이 준설선이 사용됩니다.
이 유형의 준설선에는 수십 개의 양동이가 아주 긴 컨베이어벨트에 붙어 있습니다.
거대한 고리에 걸린 양동이는 해저 바닥을 긁고 갑니다.
출구에서 양동이는 모래와 진흙을 큰 컨테이너에 부은 다음 다시 물밑으로 돌아갑니다.
그것은 레오나르도가 상상한 모델과 같은 방식으로 작동합니다.

권양기를 사용하면 무거운 짐을 들 수 있습니다. 그러나 짐을 높게 들고, 이동하고, 내리고, 다시 이동하려면 더 복잡한 기계가 필요합니다. 기중기는 아마 고대 그리스 사람에 의해 발명되고 즉시 모든 조선소에서 필수 장비가 되었습니다. 레오나르도 당시 사용된 모델을 참고하여 오늘날 사용되는 것과 매우 유사한 기중기를 만들었습니다.

회전식 기중기

기중기의 중심에서 뒤로 연결한 **줄**은 구조물의 균형을 잡는 데 도움이 됩니다.

이 **갈고리**는 바퀴가 한쪽으로만 돌 수 있게 합니다. 크랭크를 놓아두면 갈고리가 톱니 사이에 끼워져 짐이 아래로 떨어지지 않게 막아줍니다. 오늘도 사용되는 잠금 보호 장치입니다.

짐이 너무 무거우면 기중기가 뒤집힐 위험이 있습니다. 이 때문에 레오나르도는 돌로 채워진 상자를 생각했고 이 **지지대**는 균형 잡는 역할을 합니다.

회전대를 사용하면 한쪽에서 다른 쪽으로 짐을 이동할 수 있습니다. 회전은 볼 베어링에 의해 쉽게 됩니다.

두 개가 하나보다 낫다?

회전 기중기보다 나은 것은 무엇일까요? 이중 회전 기중기! 레오나르도에 의해 발명된 이 모델은 한 번에 두 개의 짐을 나를 수 있는 장점이 있습니다. 오른쪽의 짐은 왼쪽의 짐과 균형을 잡고 그 반대도 마찬가지입니다. 실제로 이 발명품이 아주 성공적이지는 않다는 것을 인정해야 합니다. 누가 동시에 두 개의 짐을 회전하여 정확히 같은 거리에 옮길 필요성을 갖고 있을까요? 이것은 작업 기계보다는 회전목마처럼 보입니다!

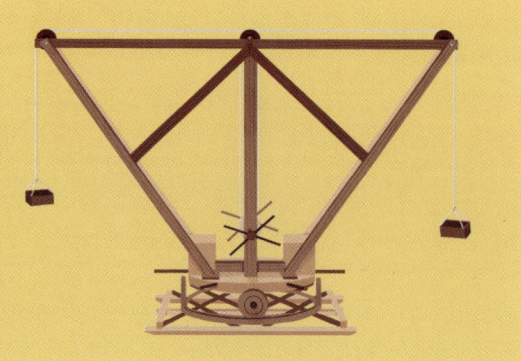

레오나르도의 모델과 비교하면 오늘날의 기중기는 훨씬 크며 자유로운 높이 조절과 강력한 엔진의 힘 덕분에 모든 종류의 건물을 지을 때 필요합니다. 초고층 빌딩을 포함해서!

타워크레인

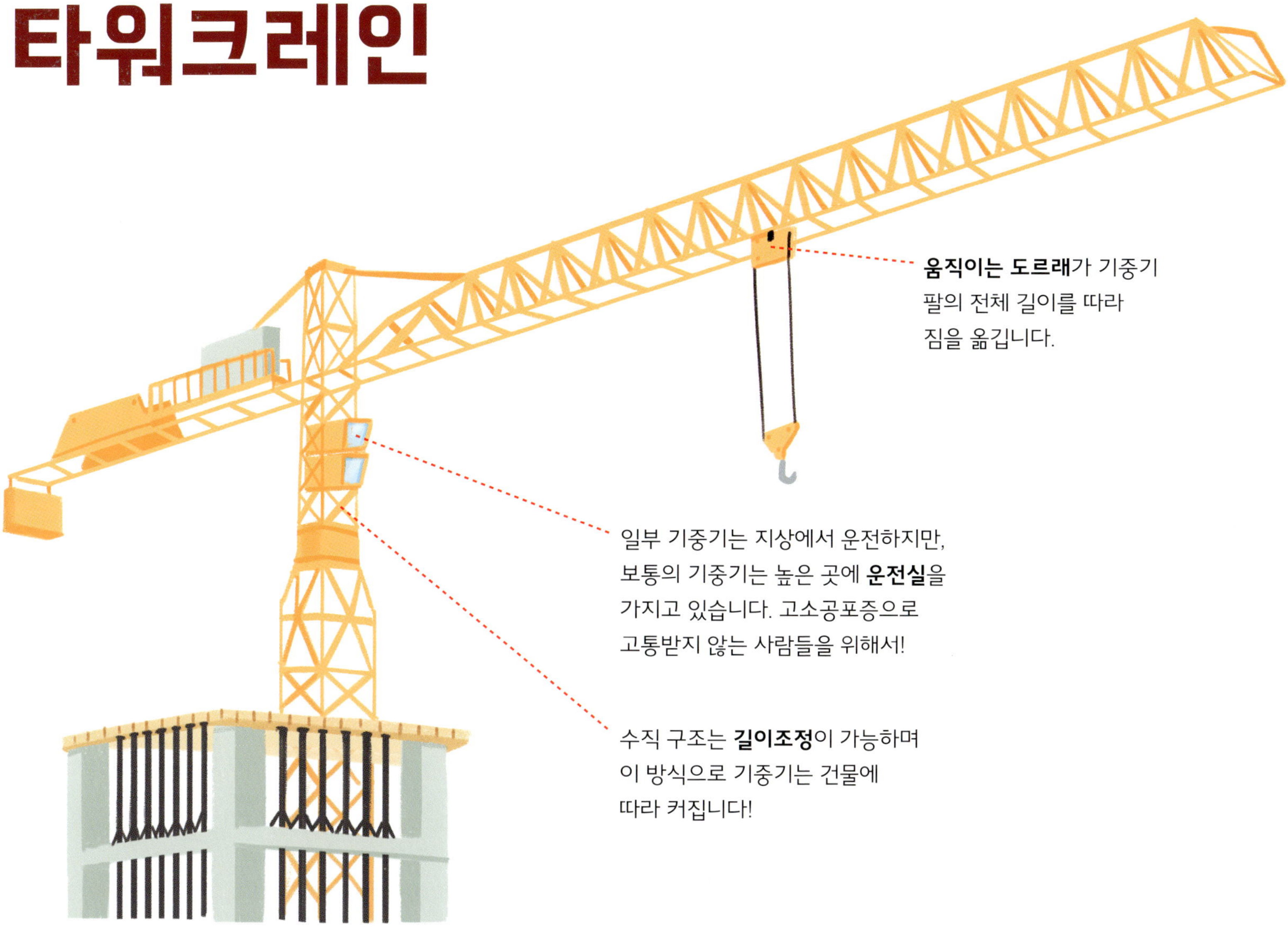

움직이는 도르래가 기중기 팔의 전체 길이를 따라 짐을 옮깁니다.

일부 기중기는 지상에서 운전하지만, 보통의 기중기는 높은 곳에 **운전실**을 가지고 있습니다. 고소공포증으로 고통받지 않는 사람들을 위해서!

수직 구조는 **길이조정**이 가능하며 이 방식으로 기중기는 건물에 따라 커집니다!

엄청난 힘!

가장 강력한 이동형 기중기는 망원경식 기중기로, 팔을 서로 안쪽으로 밀어 넣을 수 있는 일련의 튜브로 구성되어 있으며 최대 100m까지 확장할 수 있습니다. 팔은 약 700대의 차의 무게인 1,200t을 들어 올릴 수 있습니다! 가장 강력한 고정 기중기는 네덜란드에서 찾아볼 수 있는데 14,200t을 들어 올릴 수 있지만 그것은 고작 다리를 건설하는 데 사용했습니다.

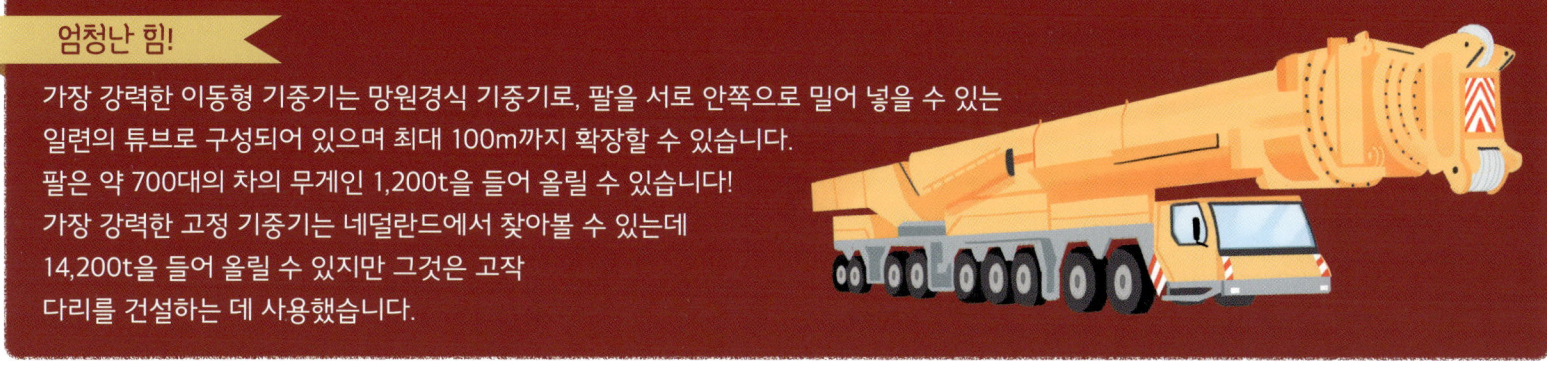

2장

레오나르도 전쟁에 가다

르네상스는 폭력의 시대이기도 합니다. 유럽에서는 끊임없이 전쟁하고 있었고, 이탈리아에서도 거의 모든 도시가 다른 도시와 싸웠어요. 성들과 궁정 안에서는 귀족들과 왕자들이 경쟁자를 죽이기 위해 시간을 보냈어요. 도시에서는 낯선 사람이 기분 나쁘게 보았거나 길을 양보하지 않았을 때 싸움을 하기도 했어요.
레오나르도는 전쟁을 증오했는데 그의 메모에서 전쟁을 "끔찍한 광기"라고 불렀고, 베니스에서 최초의 잠수함을 발명했을 때 그는 숨기기로 하는데 그것이 무기가 되면 굉장히 위험할 수 있다고 믿었기 때문이에요.
그리고 그는 많은 선원이 죽는 것을 원하지 않았어요.
하지만 그런데도 불구하고 레오나르도 역시 그 시대의 남자였고, 훌륭한 군사 기술자였어요.
그는 평생 밀라노의 통치자 루도비코 일모로와 같은

칼날이 달린 마차

얼핏 보면, 그것은 평범한 마차처럼 보일 수 있어요.
하지만 막대 끝과 트레일러에는 무섭게 회전하는 두 개의 칼날이 있어, 말이 뛸 때 칼날을 회전시킵니다. 다행히 사용된 적 없는 단순하지만 끔찍한 무기입니다.

밀어내는 막대

전쟁은 종종 성이나 요새의 포위 공격으로 끝났어요. 적군들은 벽을 오르기 위해 긴 사다리를 가지고 앞으로 나아갔어요. 레오나르도는 그것을 방해하기 위해 발명한 것이 있어요. 돌 사이 구멍을 뚫어 나무 프레임을 설치하고 적들이 성벽에 긴 사다리를 놓으면 프레임을 밀어 바닥으로 떨어뜨리는 장비입니다. 덕분에 아군은 적을 사다리에서 바닥으로 떨어뜨릴 수 있었어요. 간단히 말해서, 이 기계는 많은 코미디 영화에서 볼 수 있는 사다리를 밀어내는 것입니다!

Cesare Borgia

유명한 지휘관들과 교황의 아들이자 잔인한 정복자인 체사레 보르자 추기경을 섬겼어요. 그들의 요구를 충족시키기 위해 레오나르도는 많은 군사 기계를 설계했어요. 다행히도, 그중 극소수만이 실제로 전쟁터에서 사용되었어요. 그들 중 많은 것들이 너무 시대에 앞서 있어서 수 세기 후에 만들어졌어요. 그 당시 사람들은 레오나르도의 군사 기계에 관해 상상력은 풍부하지만, 실현은 불가능하다고 말했어요.

탄성 조절 새총

준비물
- 나무판 1장
- 고무줄 1개
- 헤이즐넛 1알
- 못 2개
- 네임펜 1자루

어른에게 도움을 청하여 나무판 한쪽 끝에 못을 박아요. 그다음 고무줄을 부착합니다. 그런데 왜 우리가 이것을 탄성 조절 새총이라고 부를까요? 왜냐하면 펜으로 판자의 가장자리를 표시함으로써, 여러분은 탄성의 장력 수준을 측정하여 과학적으로 발사할 수 있기 때문입니다! 이제 헤이즐넛을 총알로 사용하여 탄성을 테스트하고 스마트폰으로 장면을 촬영합니다.
느린 동작의 영상을 보면 총알이 포물선을 그리는 것을 볼 수 있어요.
새총을 사용할 때에는 아무것도 깨지 않도록 조심하세요!

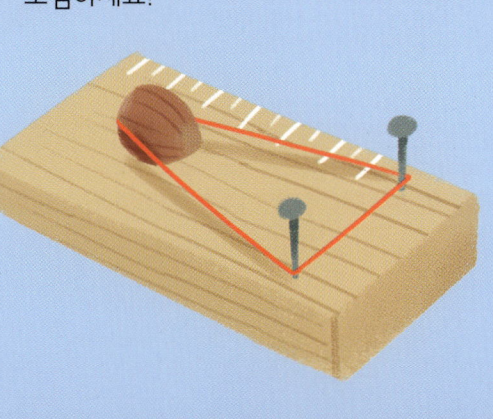

처음 만들어진 총기류는 운반하기가 어려웠으며 부정확하고 재장전하기가 복잡했습니다.
(발사하기까지 몇 분이 걸렸습니다) 레오나르도는 여러 대의 작은 대포로 모든 문제를 해결하려고 했습니다.
어떤 면에서는 역사상 처음으로 발명한 연발 무기입니다!

선회 포

이 **지지대**는 처음 11개의 대포가 발사된 후 재장전을 위해 아래로 돌립니다.
한편 다른 11발의 대포는 발사 준비가 이미 되어 있습니다!

선회 포는 11개로 나열된 3열의 **작은 대포 33개**로 구성됩니다.

바퀴는 움직임을 쉽게 하고 어떤 방향으로든 작은 대포를 돌릴 수 있게 합니다.

가진 것을 가지고 최선을 다하십시오!

정밀하게 사격하고 신속하게 재장전하는 것은 모든 무기의 기본적인 특징인데 레오나르도는 무기들을 이런 방식으로 개발할 수 없었고 당시의 기술로도 불가능했어요.
그러나 여기서 레오나르도의 천재성을 보게 됩니다. 느리고 부정확한 대포만을 가지고 있었기 때문에, 그는 많은 대포를 서로 가까이에 배치하여 쏘는 연발 대포를 생각했어요.

오늘날 기관총은 한 손으로 들 수 있거나 군용 항공기에 사용되는 것과 같이 매우 큰 것도 있습니다.
레오나르도의 시대에도 같은 목표가 있었는데 가능한 한 정확하게 많은 사격을 할 수 있어야 하는 것입니다.

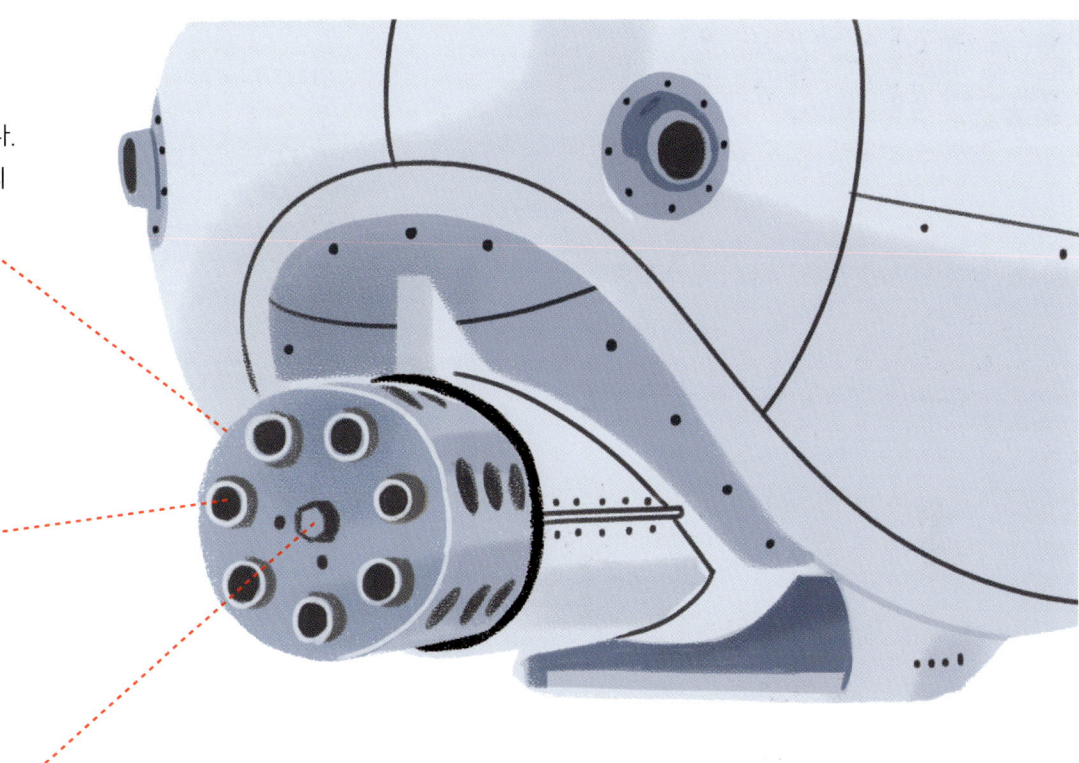

회전하는 기관총은 19세기 첫 번째 모델을 만든 발명가의 이름에서 유래하여 "개틀링(Gatling)"이라고 불립니다. 그러나 아이디어는 레오나르도의 아이디어와 매우 유사합니다.

레오나르도가 생각한 것처럼 한 총 포신이 총을 쏘는 동안 다른 총들은 재장전 됩니다. 이런 방식으로 개틀링은 분당 최대 **3,000발** 이상 발사할 수 있습니다.

컴퓨터화된 조준 장치 덕분에 기관총은 매우 정확합니다.

기관총

중력에 대한 질문

대포로 목표를 겨냥하려면 표적이 있는 방향과 소위 "가늠자"라는 두 가지 조정이 장치가 필요합니다. 땅과 완전히 평행한 대포를 상상해보십시오. 발사하면 대포알은 잠시 앞으로 똑바로 갈 것이고, 공기 마찰로 서서히 멈추어 중력의 작용 때문에 결국 바닥에 닿을 것입니다. 사정거리를 늘리고 싶다면, (대포알을 더 멀리 떨어뜨리려면) 대포를 약간 위쪽으로 향하게 해야 합니다. 그러면 대포알이 오르막 곡선을 그리며 표적 쪽으로 다시 떨어집니다. 가늠자는 목표물에 조준하기 위해 포신이 얼마나 많이 올려져야 하는지에 대한 척도입니다. 그 시대에는 펜과 잉크를 가지고 머리로 계산을 해야 했어요. 오늘날엔 다행히도 컴퓨터가 처리합니다!

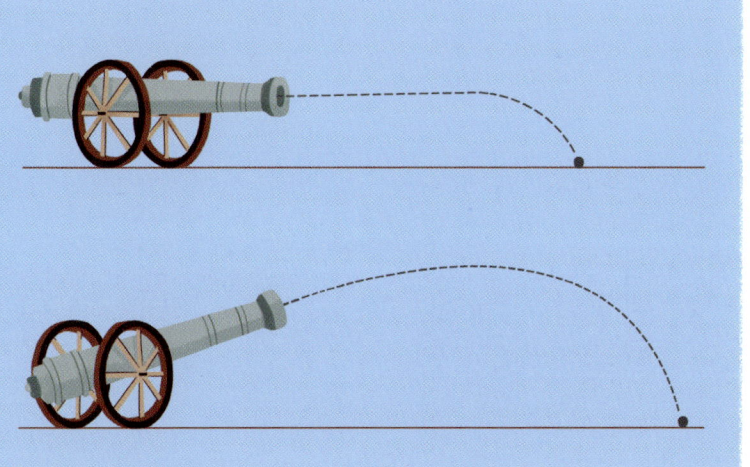

"전쟁에서는 강한 것은 피하고, 약한 것을 공격하는 것이 최선이다." 이것은 기원전 500년에 중국의 전략가 손무(손자)가 말한 것입니다. 레오나르도가 그 말을 알았을 거로 생각하지 않지만, 덮개 전차에도 같은 이론이 적용됩니다. 맞지 말고 쏘십시오.

덮개전차

이 **포탑**에서 지휘관은 전쟁터를 관찰합니다.

전차는 **나무 널빤지와 금속 소재**로 보호됩니다. 오늘날엔 탄탄하지 않은 것처럼 보일지 모르지만, 당시의 상대 무기에 비해서는 엄청난 장갑판이었습니다.

전차에는 8명의 사람이 조종하는 **모터**가 있습니다. 복잡한 톱니바퀴 시스템은 힘을 증폭시키고 바퀴에 움직임을 전달합니다.

측면에서 자신을 방어하고 적을 공격하는데 사용되는 **대포**를 둡니다.

장갑판

준비물
- 33페이지에 탄성 조절 새총
- 매우 얇은 스티로폼 1개
- 나무 액자 1개

스티로폼을 액자에 고정한 다음 탁자 위에 올려놓습니다. 스티로폼이 거의 수직(90°)이 되도록 액자를 기울이십시오. 그리고 탄성 조절 새총에 걸려있는 헤이즐넛을 스티로폼을 향해 쏘아보세요.
이전과 같은 강도로 다른 헤이즐넛을 쏘아 실험을 반복하되 이번에는 플라스틱을 약 40° 기울이십시오. 어떤가요? 두 번째 구멍은 훨씬 작지 않나요? 맞습니다.
바로 레오나르도가 발명한 전차의 벽이 기울어진 이유입니다!

탱크는 1차 세계 대전 중 전투에 참여했고, 그 이후 전 세계 군대의 일부가 되었어요. 초기에는 탱크가 매우 크고 무거웠으며 승무원은 최대 18명이었는데 이후 작고 민첩한 것이 선호되었습니다.

탱크

많은 대포 대신에 **한 대의 대포**가 분당 10발 이상 사격을 하며 움직일 수 있습니다.

현대적인 잠망경과 광학 센서가 회전 탑 주변에 배치되어있어 **지휘관**은 탱크 밖에서 일어나는 일을 볼 수 있습니다.

엔진은 500~1,500마력을 가진 휘발유, 디젤 또는 터빈 엔진이 탑재되어있어요.

무한 궤도는 모든 장애물을 넘고 아주 고르지 않은 땅에서도 앞으로 나아갈 수 있습니다.

장갑은 금속, 플라스틱 또는 세라믹으로 되어 있습니다. 장갑판은 탱크가 부딪칠 때 내부에서 충격을 흡수하는 장치가 있습니다.

전쟁에서 쉽게 이기는 전략은 적을 놀라게 하고 항복하도록 설득하는 것입니다. 그렇기 때문에 실용적이지 않지만 크고 강력한 무기를 만드는 이유입니다. 이번에는 레오나르도가 바퀴 위에 장착되어 거대한 돌덩이를 던질 수 있는 석궁을 상상합니다. 정말 무섭습니다!

거대한 석궁

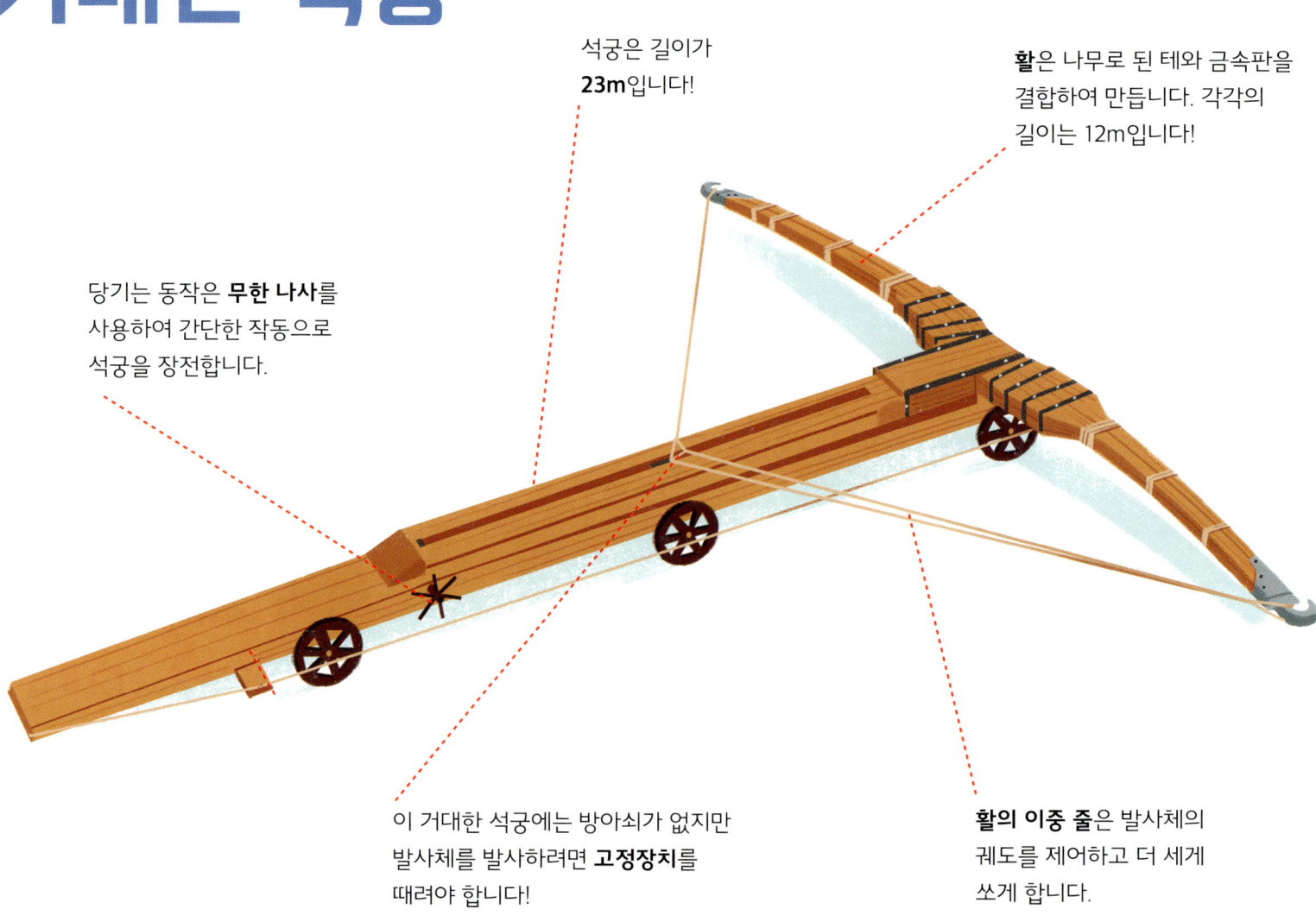

석궁은 길이가 **23m**입니다!

활은 나무로 된 테와 금속판을 결합하여 만듭니다. 각각의 길이는 12m입니다!

당기는 동작은 **무한 나사**를 사용하여 간단한 작동으로 석궁을 장전합니다.

이 거대한 석궁에는 방아쇠가 없지만 발사체를 발사하려면 **고정장치**를 때려야 합니다!

활의 이중 줄은 발사체의 궤도를 제어하고 더 세게 쏘게 합니다.

얼마나 쏘기 힘든 활인가!

영화에서는 활로 미친 듯이 화살을 쏘아대는 날씬한 요정을 볼 수 있어요. 현실은 다른데 실제 활, 특히 전투에서 사용하는 활을 당기려면 강한 근육이 필요하기 때문에 너무 어려워요.(오디세이에서 율리시스 외에는 아무도 사용할 수 없었던 율리시스의 활을 기억할 겁니다) 그래서 석궁이 발명된 이유인데 장치(단순한 갈고리일 수 있습니다)의 도움을 받아 단단한 줄을 멈춤으로써 활이 장전됩니다. 그 시점에서 화살을 넣고 방아쇠만 당기면 끝납니다!

대포의 황금기는 20세기 세계 대전 때였습니다. 하지만 그 당시 대포는 너무 커서 도로에서 이동할 수 없었습니다. 그래서 철도 열차 위에 조립되어 수십 킬로미터 떨어진 곳으로 거대한 포탄을 발사할 수 있었습니다.

제2차 세계 대전 당시 사용하던 "대형 구스타프"와 같은 대포는 **길이 43m**의 포신을 가졌었고, **47km** 떨어진 곳까지 발사할 수 있었습니다.

대형 열차 포는 최대 2,500명의 **승무원**이 작동 준비를 해야 했습니다!

이 거대한 대포는 회전하지 않고 정면으로만 향하고 있었기 때문에 발사 방향을 바꾸기 위해 **원형 궤도**에 놓였습니다.

열차 포

미사일 시대

두 차례의 세계 대전이 있고 난 뒤 대포는 미사일로 대체되기 시작했어요. 이들은 로켓 엔진과 목표물을 정확하게 안내하는 자동 장치가 장착된 발사체인데 비행 중 방향을 바꾸고 목표물을 따라갈 수 있으며 때로는 한 대륙에서 다른 대륙으로 엄청난 거리를 비행 할 수 있어요. 레오나르도의 석궁보다 훨씬 더 무서운 무기입니다!

아주 오래전부터 해상 전쟁의 승리 방법은 적의 함선을 가라앉히는 겁니다.
대포가 발명되기 전에는 충각이라고 불리는 강한 뱃머리로 범선을 부딪쳐 공격했습니다.
레오나르도는 당시의 충각으로 공격을 하기 위해 배에 많은 개선 사항을 추가했는데
그중 일부는 오늘날까지 사용합니다.

충각달린 고속 선박

지붕은 승무원을 보호하는 것 외에도 작은 대포를 숨겨 적을 놀라게 합니다!

한 쌍의 노는 노 젓는 사람의 힘을 최대한 활용하고 속도를 높이도록 배치됩니다.

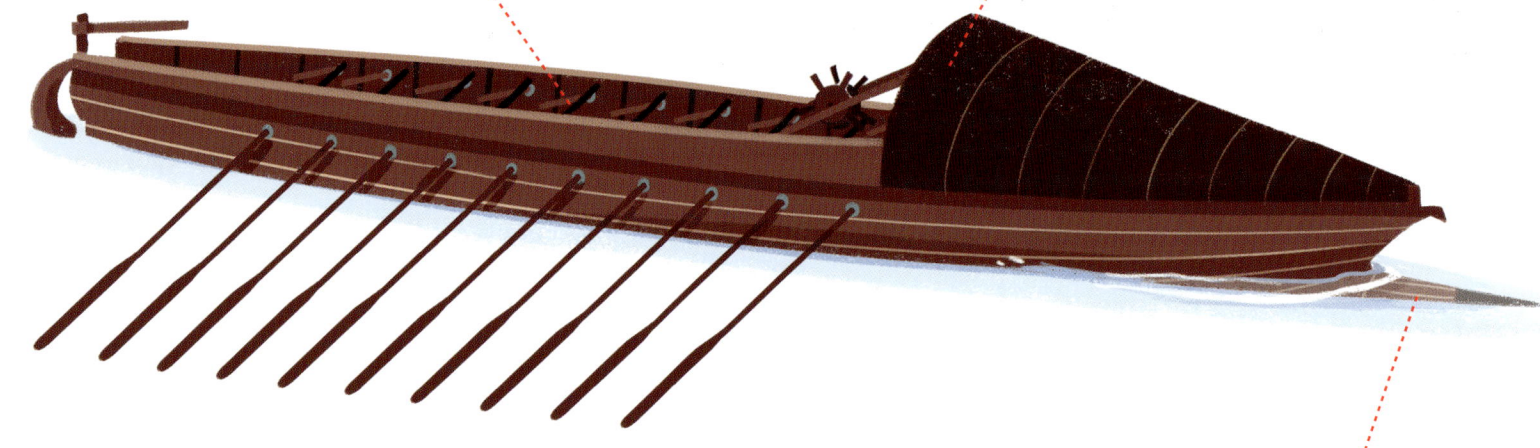

금속 충각은 뾰족하고 수면 아래에 위치하는데 이렇게 하면 더 많은 피해를 줍니다.

치명적인 무기

레오나르도의 배는 큰 침 같은 충각을 사용하여 충격을 가하는 방식으로 적을 여러 번 치도록 설계되었어요. 측면에 있는 노는 특수 방식으로 배치하여 공격 사이에 배를 빠르게 후진하도록 합니다. 반면에 지붕에 숨겨진 대포는 진짜 비밀 무기입니다!

어뢰정은 작고 매우 빠르며 적함, 특히 큰 함선을 침몰시키기 위해 만들어졌습니다.
침몰시키기 위해 충각이 필요하지 않는데 그건 그 배가 지닌 치명적인 비밀 무기 바로 '어뢰' 때문입니다.

어뢰정

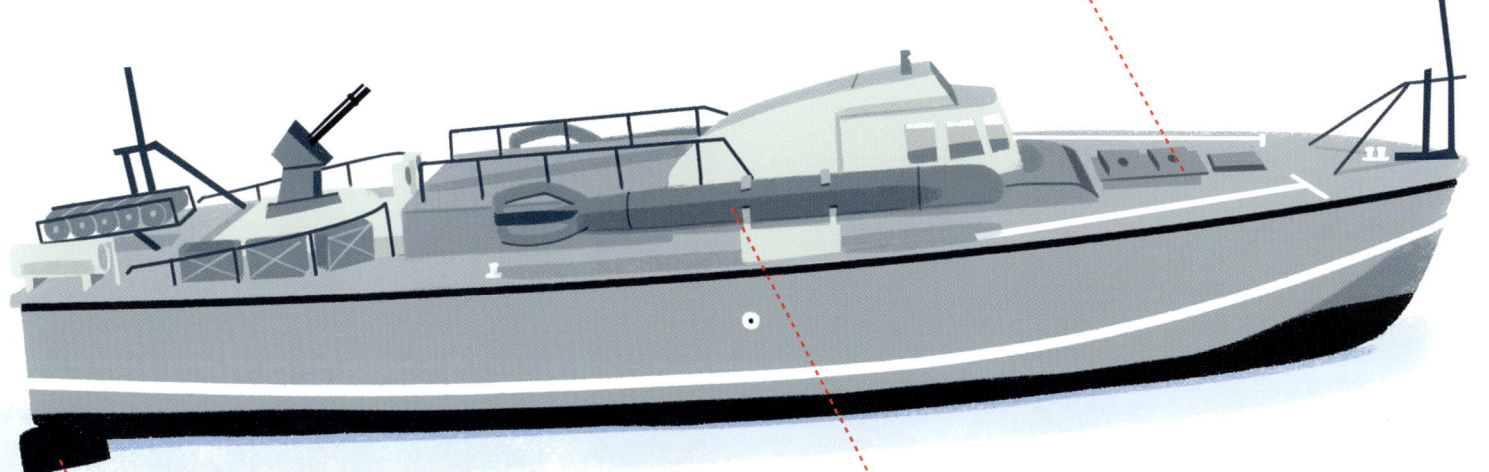

크기가 작아서 적이 찾기가 어렵습니다. 또한 매우 빠르며, 시속 80km로 물 위에서 날 수 있습니다.

이 배는 **기동하기 쉽고**, 적의 역습을 피하면서 최고의 사격 위치에 도달할 수 있습니다.

어뢰는 프로펠러가 있는 잠수 미사일로 시속 약 100km로 주행할 수 있습니다.
(그러나 일부 로켓 모델은 심지어 시속 370km에 달합니다)

이중 선체

레오나르도의 가장 위대한 발명 중 하나이며 오늘날 현대식 선박에서도 사용되는 것입니다. 단일 선체 대신에 레오나르도의 배는 외부와 내부 2개의 선체를 가지고 있어요. 이런 방식은 외부 선체가 손상되면 그 사이의 공기층에만 물로 채워져서 배는 가라앉지 않아요.

한때 대포에는 돌, 철 또는 테라코타(점토를 구운 것)로 만든 큰 공이 장전되었습니다. 그들은 잘 작동했지만 먼 거리로 발사하는 것은 불가능했습니다. 그래서 레오나르도는 사정거리를 개선하기 위해 완전히 다른 모양의 포탄을 발명하려고 했습니다.

포탄

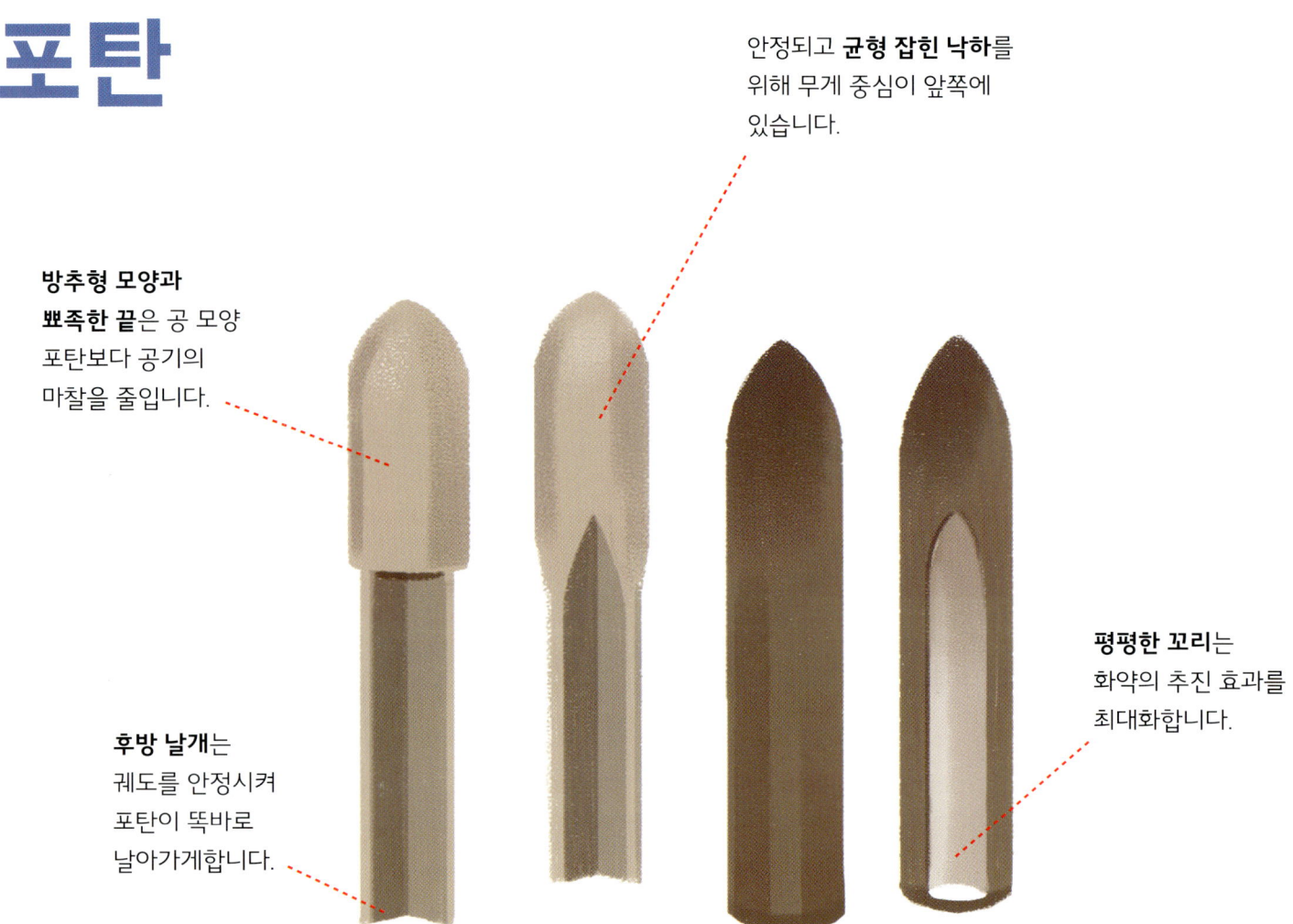

안정되고 **균형 잡힌 낙하**를 위해 무게 중심이 앞쪽에 있습니다.

방추형 모양과 뾰족한 끝은 공 모양 포탄보다 공기의 마찰을 줄입니다.

후방 날개는 궤도를 안정시켜 포탄이 똑바로 날아가게합니다.

평평한 꼬리는 화약의 추진 효과를 최대화합니다.

한 방울의 물처럼

레오나르도는 훌륭한 자연 탐구자였어요. 그는 모든 현상을 자세히 조사한 다음 자신의 발명품에 활용하려고 했어요. 이 포탄에 관한 생각은 물방울의 둥근 모양을 관찰하면서 갖게 된 것 같아요. 불행인지 다행인지 레오나르도의 발명은 그리 성공적이지 않았는데 이러한 총알은 당시의 기술로는 개발하기가 어려웠으며, 발사했을 때 왜 표적을 놓쳤는지를 몰랐어요. 300년 후에야 총알을 안정시키기 위해서는 총신에 나선형 홈을 파야 한다는 것을 알게 되었어요. 내부 홈은 총알이 나선형 모양을 따라 정확한 방향으로 회전하며 날아가게 하는 역할을 합니다.

레오나르도의 설계는 정확하여 오늘날의 총알은 그가 발명한 총알과 매우 흡사한 모양을 하고 있습니다.

총알, 포탄

총에서 사용되는 이 총알은 레오나르도의 **뾰족한 총알**과 같은 형태입니다.

레오나르도 시대에는 총알과 화약을 따로 무기에 장착했습니다. 그러나 오늘날에는 화약이 이미 **탄피**에 들어 있어 훨씬 간단합니다!

포탄은 화약을 별도로 넣어야 하는데 쏘고 싶은 거리에 따라 **양**이 달라지기 때문입니다!

이 같은 포탄은 소리의 속도보다 빠른 속도로 비행합니다. **공기 마찰**을 줄이기 위해 맨 끝이 뾰족합니다.

우리가 이미 보았듯이 레오나르도 시대에 대포는 성공적이지 못했는데 그것을 만드는 비용이 많이 들고 운반하기에 무거웠기 때문입니다. 게다가 표적을 향해 겨냥하기가 어려웠고, 재장전하는데 시간이 너무 오래 걸렸습니다. 레오나르도는 연발로 이 문제를 해결하기로 생각했는데 배 위에 있어서 이동이 쉽고 회전판이 있어 여러 방향으로 발사할 수 있게 하였고 한 대포가 발사하는 동안 다른 대포를 재장전 할 수 있었습니다. 그러나 내가 알기로 이것은 만들어지지는 않았습니다.

연발 대포

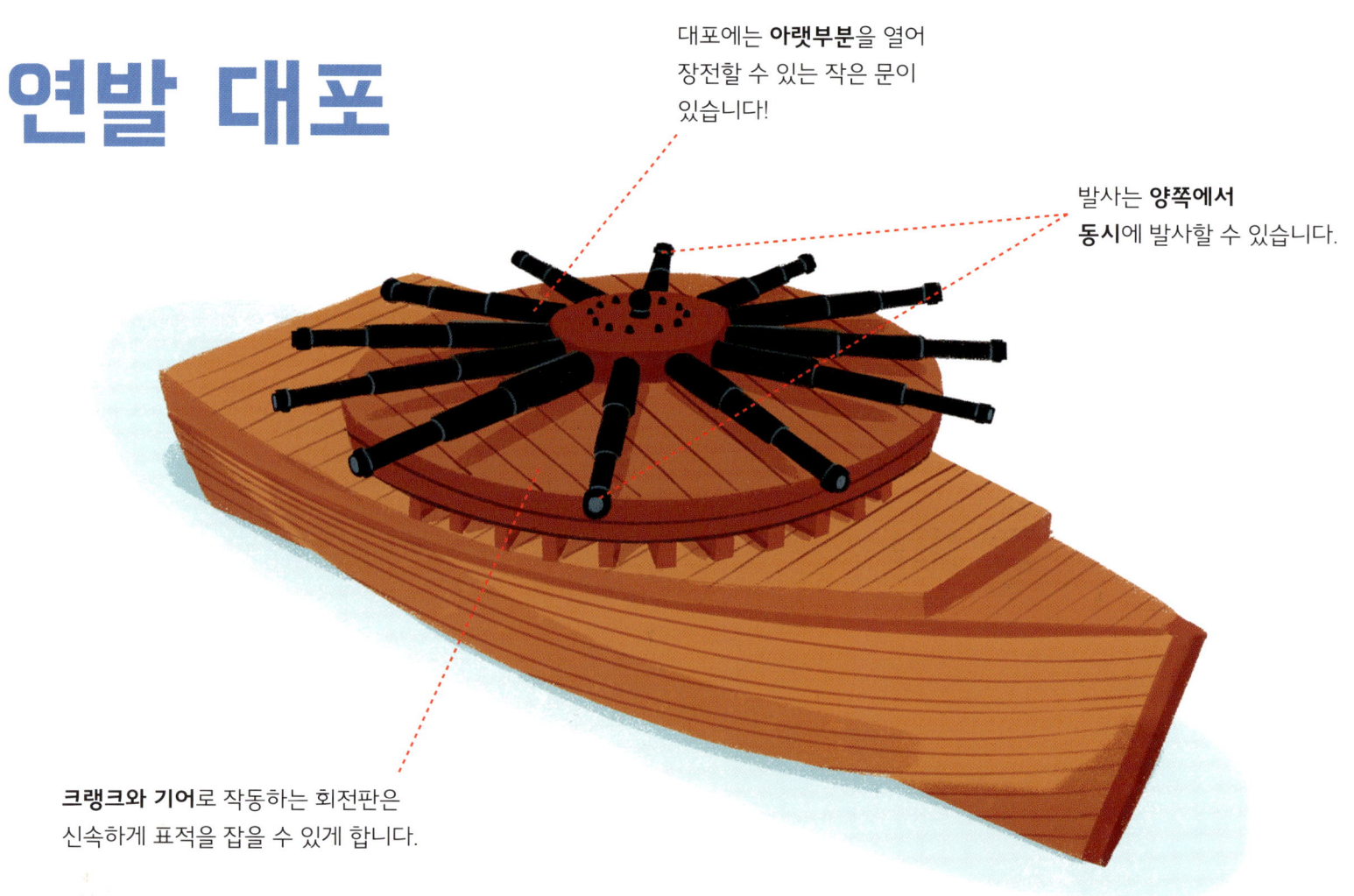

대포에는 **아랫부분**을 열어 장전할 수 있는 작은 문이 있습니다!

발사는 **양쪽**에서 **동시**에 발사할 수 있습니다.

크랭크와 기어로 작동하는 회전판은 신속하게 표적을 잡을 수 있게 합니다.

반동 작용

대포가 탄환을 앞으로 발사하면, 대포의 몸통은 동등한 힘으로 뒤로 밀립니다. 이 운동을 반동 작용이라고 하며 매우 위험할 수 있는데 레오나르도는 배가 뒤집힐 수 있다는 것을 염려하여 반동 작용을 없애기 위해 반대편 대포를 항상 동시에 발사하도록 조언했어요.

수 세기 동안 대포는 배의 측면에 장착돼있어 표적을 맞히고 싶을 때마다 배 전체가 움직여야 했습니다.
19세기에서야 어떤 방향으로든 향하게 할 수 있는 회전식 대포를 계획하기 시작했습니다.
레오나르도는 다시 한번 미래를 예측하였습니다!

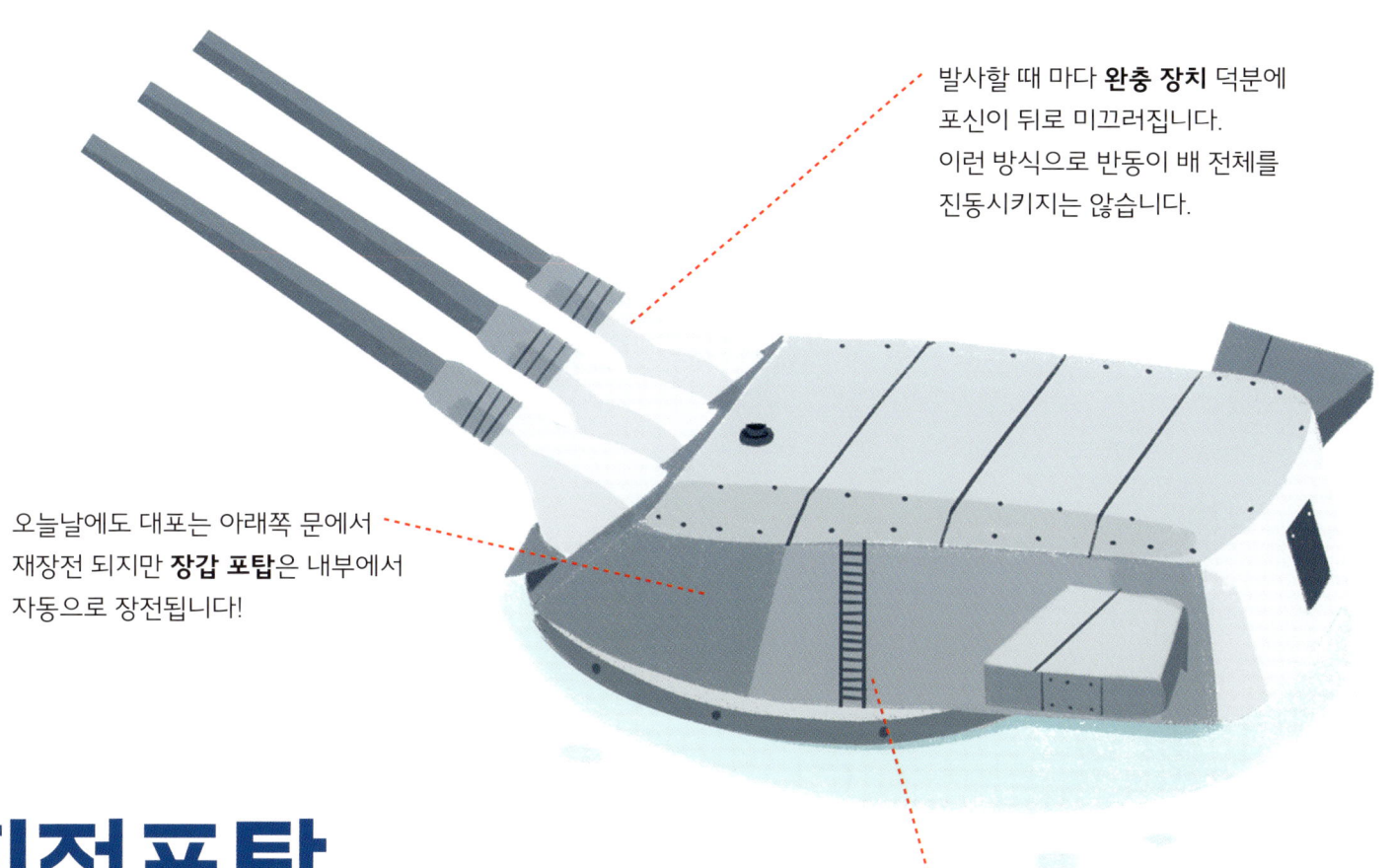

발사할 때 마다 **완충 장치** 덕분에 포신이 뒤로 미끄러집니다. 이런 방식으로 반동이 배 전체를 진동시키지는 않습니다.

오늘날에도 대포는 아래쪽 문에서 재장전 되지만 **장갑 포탑**은 내부에서 자동으로 장전됩니다!

사격 통제소가 표적을 맞히기 위해 모든 변수를 계산하여 회전판을 운전합니다.

회전포탑

풍선 자동차

준비물:
- 빈 과일 주스 상자 1개
- 빨대 2개
- 바퀴 4개
- 풍선 1개
- 가위

상자 바닥을 자르기 위해 어른에게 도움을 요청하고 옆면에 네 개의 구멍을 만들고 바닥에 또 다른 구멍을 만듭니다.
빨대를 옆 구멍에 넣고 바퀴를 끝부분에 고정합니다. 이제 바깥쪽을 향한 채로 풍선을 바닥의 구멍에 붙입니다.
풍선을 부풀린 다음 바닥에 차를 내려놓고 앞으로 가게 놔둡니다.
반동 효과는 풍선을 타고 나오는 공기의 반대 방향으로 차를 움직일 것입니다!

건축가 레오나르도

레오나르도는 도시 사람이었어요. 그는 거의 모든 삶을 궁정과 성에서 보냈으며, 그가 거기에 있는 동안에 그곳 일부를 설계했지요. 많은 직업 중에서 레오나르도는 위대한 건축가이기도 했어요.

다시 말하면, 완성된 건축 작품도 많이 있었지만, 그보다 더 많은 건축설계 메모가 있었어요.

밀라노 대성당의 돔을 위한 디자인도 있었고, 성당, 정원, 계단을 건설하기 위한 것도 있었어요.

특히 건축가 레오나르도의 특징은 그의 설계에서 물과 관련된 많은 기계를 도입하고 활용하는데 탁월한 기술이 있었어요. 또한 그가 발명한 건물들은 그 시대에 첨단 기술들이 포함되어있었지요.

예를 들어 파비아 지방의 비제바노에 있는
스포르체스코 성의 완성된 마구간을 볼 수 있어요.
이 "깨끗한 마구간"은 혁신적인 하수 시스템 덕분에
말을 위한 위생적인 마구간이 되었어요.
그것은 레오나르도의 그림을 매우 잘 기억하는
루도비코 일모로에 의해 만들어졌어요.
또한 르네상스 시대의 건축가에게는 군사적인 건물을
짓는 것이 일반적이었어요.
산 정상에 세워야만 했던 요새가 있는데
레오나르도가 아마도 프랑스인들을 위해
디자인했을 것으로 생각됩니다.
요새는 전통적인 개념을 가지고 있어요.
주변 타워와 동심원의 성벽은 왕이 살았던
중앙성을 방어합니다.
그러나 당시의 다른 요새와 비교하면 벽은 특별한 모양을
하고 있어요. 레오나르도는 성벽 꼭대기를 제거하고
각이 진 돌로 대체합니다. 이런 식의 요새는
가장 최신의 대포 공격도 쉽게 방어 할 수 있고,
총알이 튀어 나가게 하였어요.

이상적인 도시

1484년 레오나르도가 밀라노에 살고 있을 때, 도시는 전염병인 흑사병으로 인해 많은 사람이 죽었어요. 아마도 이것 때문에 레오나르도는 합리성과 위생이 바탕 된 이상적인 도시를 만들기 위한 설계를 시작한 것 같아요. 레오나르도는 배로 빠르게 이동할 수 있는 운하 시스템을 만들고 도시가 두 개의 층으로 나누어졌다고 상상했어요. 가장 낮은 층은 서민들과 하인, 노동자들을 위해 지었고, 가장 높은 층은 귀족들을 위해 지었어요. 가난한 사람과 부자들로 나누어진 도시에 관한 생각은 현대인인 우리에게 차별로 보이지만 레오나르도와 같은 르네상스 시대의 사람들에게는 당연하였어요.

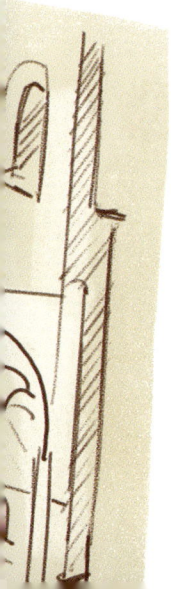

3장

멀티플레이어
레오나르도

저녁식사의 메인요리가 나왔다. 산딸기 소스가 뿌려진 구운 고기 한 조각이 부드러운 감자와 함께 나왔지만, 식욕을 매우 돋게 하지는 않았다. 아무도 맛을 보지 않고 모두 우리 테이블을 쳐다보기만 했다.

"아마도 지금까지 내가 옳았다는 것에 동의할 거예요. 레오나르도 다 빈치는 공상가였고 의심할 여지 없는 괴짜였으며, 우리가 모두 상상하는 것만큼 위대한 천재는 아니었을 거예요." 불만이 많아 보이는 남자가 말을 꺼냈다.

"어떻게 그런 말을 할 수가 있어요?" 줄리아가 말했다.

"그럼 우리가 그걸 분석해 봅시다! 지금까지 우리가 본 발명품들은 놀라워요. 하지만 기중기 같은 거대한 발명품들은 단순한 메모일 뿐일 수도 있죠. 정말 멋지고 대단한 발명품은 없어요." 불만이 많아 보이는 남자가 말했다.

레오나르도 다 빈치의 천재성

만약 당신이 누군가에게 레오나르도 다 빈치의 발명품을 알려달라고 말한다면, 그는 틀림없이 당신에게 비행기에 대해 말해줄 것입니다. 그리고 잠수함 혹은 자전거, 하지만 사실 그의 가장 혁신적인 발명품은 볼베어링과 같은 작은 도구에 관한 것들입니다. 아니면 우리가 곧 볼 수 있는 또 다른 아주 중요한 발명품 볼트입니다.

고대 그리스인들이 이미 사용되었던 것으로, 레오나르도는 오랫동안 연구해 왔고 그것을 개선했으며, 그 단순한 물건으로 새로운 많은 것들을 만들 수 있다는 것을 알았어요. 그는 볼트로 거대한 석궁을 발명하는 데 사용했어요. 그리고 비행선을 만드는데도. 이러한 작고 다소 보잘것없는 물건들이 없었다면, 레오나르도의 다른 발명품들은 존재하지 않았을 것입니다. 따라서 이 장을 주의 깊게 봐야 합니다.

여기에서 모든 것이 시작됩니다!

"나는 전혀 동의하지 않아요. 역사상 중요한 발명품이 꼭 멋지고 거대해야 한다고 생각하는 것은 잘못된 것이에요. 사실은 보통 정반대이지요."
나는 반박했다.

도구의 중요성

당신이 동굴에 산다고 상상해 보아요.
어느 날 당신은 획기적인 생각을 하게 될 텐데 넓고 평평한 돌을 가져다가 네 개의 돌 위에 놓았어요.
당신은 방금 테이블 하나를 발명했어요!
이것은 매우 유용한 발명이기 때문에, 동굴에 있는 친구들이 당신을 축하하기 위해 옵니다.
다음 날, 당신은 또 다른 좋은 아이디어를 갖게 될 것입니다. 약간 뾰족한 돌을 발견하고 그것을 좀 더 날카롭고 쉽게 잡을 수 있도록 닦습니다.
당신은 끌(나무에 구멍을 파거나 깎고 다듬는 도구)을 발명했습니다!
당신의 동굴 친구들은 지금 뭐라고 말할까요?
확실히, 그 테이블은 가장 놀라운 발명품입니다.
이제 동굴 친구들은 바닥에서 음식을 먹지 않고 함께 식사할 수 있어요. 정말 환상적이죠.
하지만 생각해보면 끌이 더 유용하다는 것을 알 수 있어요. 이 도구를 사용하면 테이블을 평평하고 편안하게 만들 수 있어요. 그 외에도 당신은 의자나 동상 또는 수천 가지 다른 물건들을 만들 수 있어요.

수많은 나사와 볼트!

준비물:
- 공책
- 펜
- 당신의 눈

여러분은 주변의 물건들이 얼마나 많은 나사와 볼트 덕분에 존재하는지 생각해 본 적이 있나요? 그것을 보기 위해 주방에 가서 서랍을 열어 보세요.
아마도 4~5개의 나무판자와 금속 레일이 붙어있는 판자가 미끄러져 열릴 것입니다. 자세히 보면 얼마나 많은 나사와 볼트가 사용되었는지, 얼마나 많은 금속 나사가 있는지도 세어보고 공책에 적어 보아요. 그런 다음 조립에 필요한 도구가 무엇인지도 상상해 보세요. (드라이버, 망치…등)
만약 그 가구들이 직접 만든 것(DIY)이라면 당신의 부모님은 사용설명서를 보관했을 것입니다. 부모님께 보여 달라고 하세요. 거기에 사용된 나사와 볼트가 나와 있을 거예요. 또 집에서 다른 가구들, 예를 들어 식탁이나 책상에 사용된 나사와 볼트를 찾아보세요.
실험이 끝나면 공책을 확인하세요.
많은 나사와 볼트가 사용되는 것을 볼 수 있을 것입니다.
이제부터는 물건을 볼 때 다른 눈으로 나사와 볼트를 보게 될 것입니다.

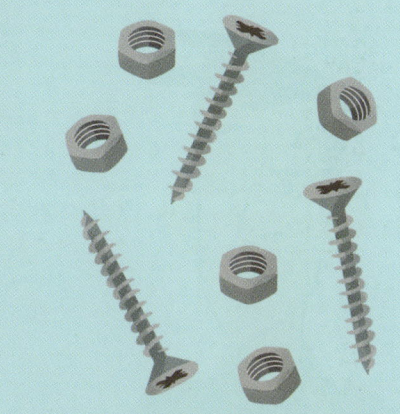

작지만 많은 것들을 만들 수 있는 단순한 나사는 회전 운동의 방향을 바꿉니다.
레오나르도는 나사의 회전 운동을 이용해서 방향을 바꾸고 다른 축을 돌리는 무한 나사를 좋아했습니다.

웜기어 (무한나사)

이 나사는 고정되어 있고 무한대로 계속 회전하는 **나선형**으로 끝없이 움직입니다.

이 기계는 여러 개의 **톱니바퀴**를 동시에 결합하는데 이런 방식으로 한 곳에만 힘주지 않고 바퀴에 최대한의 에너지가 전달됩니다.

이 경우, 무한 나사는 **크랭크**를 회전시킴으로써 짐을 지면에서 들어 올릴 수 있게 합니다.

아르키메데스의 나사

과학의 창시자 아르키메데스는 아래에서 위로 물을 보내기 위해 나사를 사용하는 것을 생각했어요.
통 안에 나사를 넣고 돌리면 나사 선을 따라 나사가 회전하며 물이 위쪽으로 쉽게 올라옵니다.

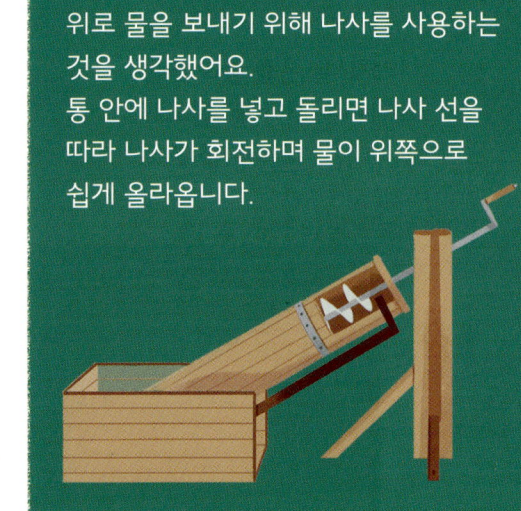

무한 나사는 오늘날에도 회전 운동의 방향을 바꾸는 가장 효율적인 시스템 중 하나입니다.
그것은 단순하고 견고한 톱니바퀴 한 쌍이기에 현대의 많은 기계에 사용됩니다!

톱니는 **나선 모양**이므로, 서로 접촉하는 표면이 더 커지고 더 강한 힘이 전달될 수 있습니다.

힘을 더 잘 분배하기 위해 **4개의 톱니**가 동시에 동작합니다.

잘 만들어진 이 **금속 톱니바퀴**는 레오나르도의 나무 버전보다 훨씬 강력합니다.

웜기어(무한나사)

조임나사

이제는 일반적으로 두 물체를 고정하기 위해 조이는 단순한 나사에관해서 이야기 할 시간입니다.
돌리는 데 사용된 힘보다 훨씬 큰 힘을 만들기 때문에 아주 특별한 도구입니다. 또한, 나사 골은 간단한 압력으로도 움직이지 못하는데 나사를 움직이는 유일한 방법은 그것을 돌리는 것이며 이것이야말로 탁월한 잠금 장치입니다!
음악가를 위한 악보대를 본 적이 있나요? 그것은 여러 높이로 조정할 수 있는데 원하는 위치에 고정하려면 하나 이상의 나사를 돌리기만 하면 됩니다.

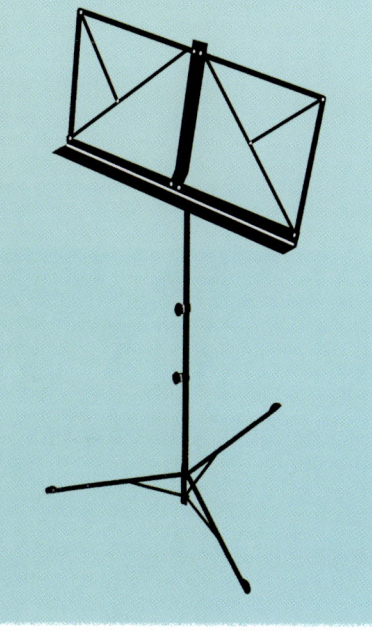

모든 기계는 작동하려면 어떤 방식으로든 운동을 변화시켜야 합니다. 예를 들어 봉을 움직이게 하려고 바퀴를 돌리거나, 지레를 위로 움직이기 위해 다른 지레를 아래로 당겨야 하는 것 등입니다.
모터는 회전운동만 할 수 있지만, 기계는 모터의 동작을 다른 작업으로 수행합니다.
위대한 발명가였던 레오나르도의 모터 운동 변환 시스템은 무엇일까요?

모터 운동 변환 시스템

캠은 **손잡이**를 돌려서 작동합니다.

이 부분을 **캠**이라고 하는데 크랭크를 돌리는 연속 회전 운동을 망치의 직선 운동으로 바꿉니다.

캠 덕분에 **망치**가 상하로 움직이는데 천천히 올라가고 강력하게 다시 떨어집니다.

모터 문제

레오나르도 기계의 문제점은 그 당시 사용 가능한 모터보다 훨씬 강력한 모터가 필요했다는 것입니다. 르네상스 시대에 레오나르도가 사용할 수 있는 모터의 힘은 사람이나 동물을 이용하는 것이었어요.
어떤 때는 다행스럽게도 자연의 힘을 활용하는 것이 가능했는데, 예를 들어 물레방아나 풍차는 연속 회전 운동을 만들어 낼 수 있습니다. 이 페이지에 묘사된 기계의 손잡이에 물레방아가 장착되어 있다고 상상해본다면 망치가 멈추지 않고 계속 때릴 것이고 대장장이는 어려움 없이 작업할 금속 조각을 모루 위에 놓는 것만 걱정하면 됩니다.

오늘날에는 정밀도가 뛰어나고 어디에나 둘 수 있는 전기모터가 있습니다.
여기 자동차를 작동시키는 내연 기관에서 그 시스템을 찾아볼 수 있습니다.

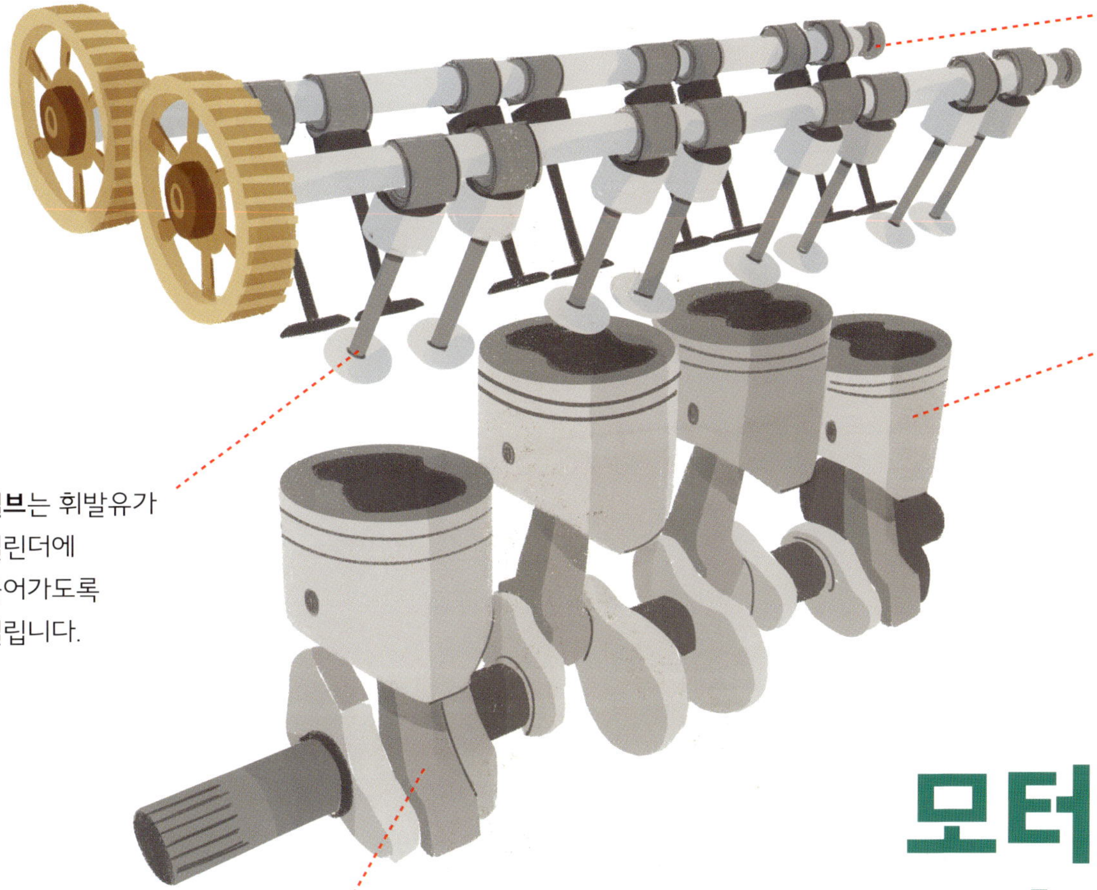

이 막대기를 **캠축**이라고 하는데 그것은 자체적으로 회전(원운동)하지만 캠 덕분에 밸브는 위아래로 움직입니다.

밸브는 휘발유가 실린더에 들어가도록 열립니다.

피스톤도 위아래로 움직이는데 피스톤이 위로 올라오면 실린더 안에 휘발유를 분사합니다. 그 다음에 휘발유가 폭발하고 피스톤은 강렬하게 아래로 내려갑니다.

연결봉과 크랭크라고 불리는 이 구조는 피스톤의 운동을 변환 시켜 다시 회전시킵니다.

모터 운동 변환 시스템

연결봉과 크랭크

연결봉과 크랭크는 레오나르도가 잘 알고 자주 사용했던 기계입니다. 이 기계에는 무한 나사를 구동하는 손잡이가 있으며, 이 손잡이는 차례로 톱니바퀴를 구동합니다. 바퀴는 수평 막대에 연결된 나무 막대기(연결봉)를 회전 시켜 다른 크랭크를 작동시킵니다. 조금 복잡하죠? 이 기계가 하는 일은 크랭크를 돌리는 회전운동으로 나무 막대가 수평운동을 하게 만듭니다.

바람은 자연의 위대한 힘 중 하나인데 배의 돛을 부풀게 하거나 폭풍으로 나무뿌리를 뽑아버리고,
풍차의 날개를 움직이며 비행 중인 대포알의 방향을 바꾸게 할 수 있습니다.
바람은 너무 놀랍고 예측할 수 없으므로 사람들은 항상 그 힘을 측정하려 했습니다.
풍속계는 1450년에 레온 바티스타 알베르티가 발명한 장치로, 레오나르도가 완성했습니다.

풍속계

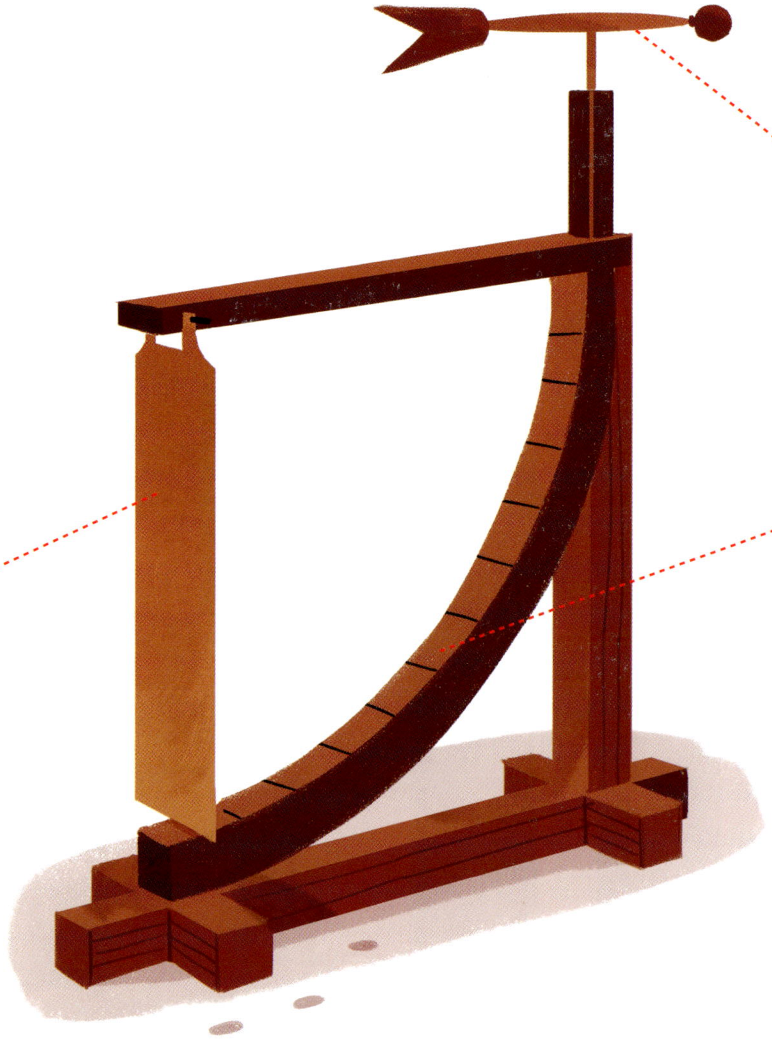

표시기는 바람의 방향과 장치가 향하는 방향을 표시합니다.

바람의 힘은 위쪽에 고정된 **바람개비**를 뒤로 밀어냅니다.

풍향계의 기울기를 관찰함으로써 눈금으로 **바람의 세기**를 읽을 수 있습니다.

정확한 조준

준비물:
- 긴 골판지 튜브 1개
  (주방용 랩이나 알루미늄 포일 튜브) 1개
- 재활용지 몇 장 (이미 사용한 것!)
- 선풍기 1개 또는 헤어드라이어 1개
- 가위
- 접착테이프

바람은 먼 거리에 무언가(예를 들어 종이나 휴지)를 던져야 할 때 고려해야 할 요소입니다. 다음은 궤도에 대한 재미있는 간단한 실험입니다. 먼저 바람 총, 총알과 표적이 필요합니다. 표적은 쉽게 만들 수 있는데 종이에 동심원을 그리는 것만 하면 됩니다. 바람 총도 준비가 되어 있는데 바로 골판지 튜브입니다. 총알은 종이를

바람의 방향을 아는 것은 오늘날에도 레오나르도의 시대와 마찬가지로 중요합니다.
풍속계는 공항, 기상 관측소, 선박 등에서 사용됩니다. 그리고 종종 테라스의 천막에 작은 풍력계가
부착되어있는 것을 발견할 수 있는데 이 센서 덕분에 바람이 너무 강하면 천막이 자동으로 접힙니다.

풍속계

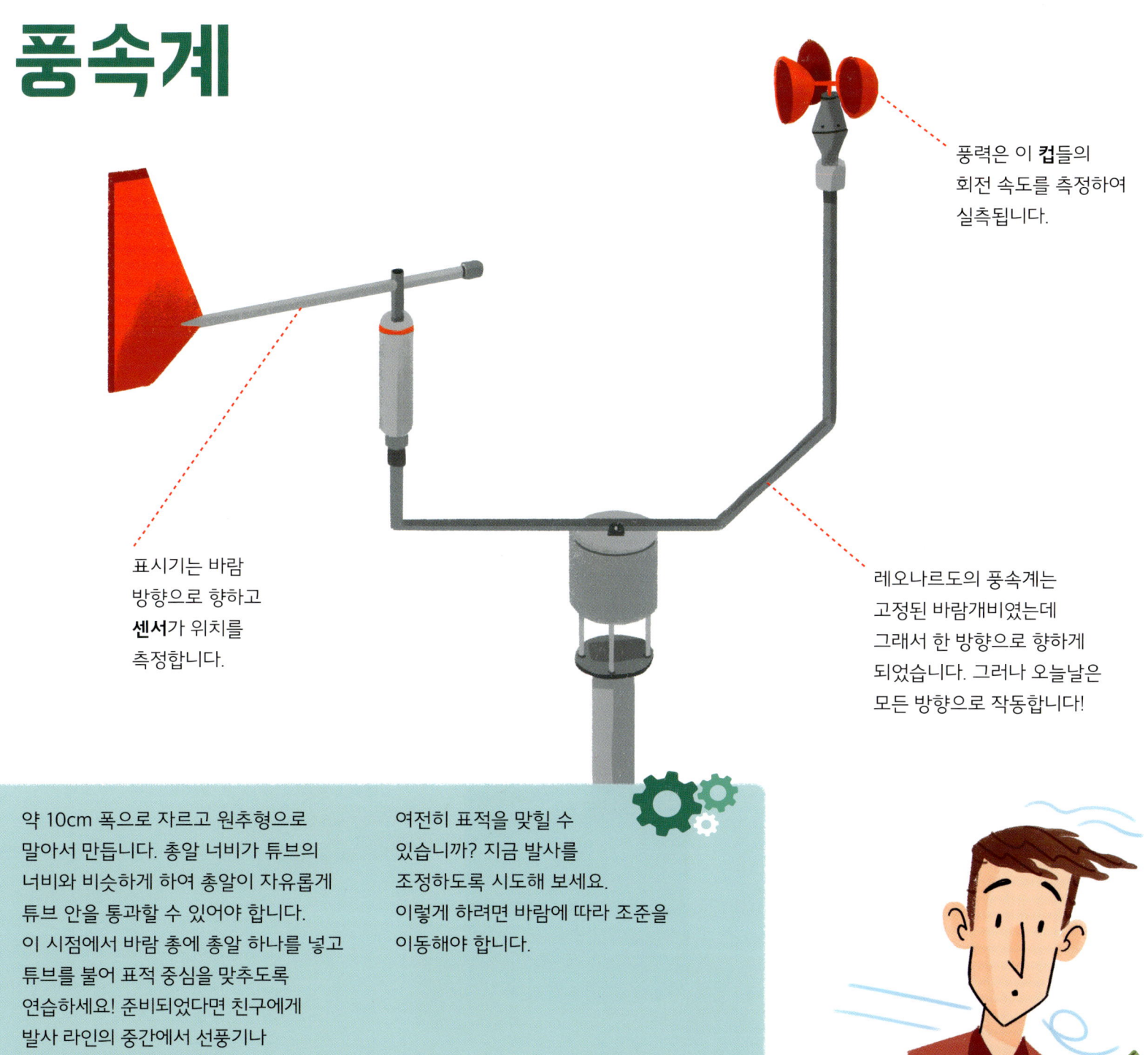

풍력은 이 **컵**들의 회전 속도를 측정하여 실측됩니다.

표시기는 바람 방향으로 향하고 **센서**가 위치를 측정합니다.

레오나르도의 풍속계는 고정된 바람개비였는데 그래서 한 방향으로 향하게 되었습니다. 그러나 오늘날은 모든 방향으로 작동합니다!

약 10cm 폭으로 자르고 원추형으로 말아서 만듭니다. 총알 너비가 튜브의 너비와 비슷하게 하여 총알이 자유롭게 튜브 안을 통과할 수 있어야 합니다. 이 시점에서 바람 총에 총알 하나를 넣고 튜브를 불어 표적 중심을 맞추도록 연습하세요! 준비되었다면 친구에게 발사 라인의 중간에서 선풍기나 헤어드라이어를 켜게 합니다.

여전히 표적을 맞힐 수 있습니까? 지금 발사를 조정하도록 시도해 보세요. 이렇게 하려면 바람에 따라 조준을 이동해야 합니다.

통나무를 반으로 자르는 것은 매우 힘들고 느린 작업이며, 심지어 가장 힘이 센 목수도 피곤하게 합니다.
레오나르도 역시 매우 강한 사람이었지만 이 작업을 계속하면 할수록 피곤해졌습니다.
그래서 물의 원리를 이용하는 수력 톱을 고안했습니다!

수력 톱

연결봉과 크랭크 기계는 물레방아의 회전 운동을 **톱니**가 오르락내리락 하는 왕복 수직 운동으로 변환시킵니다.

강물은 **물레방아의 바퀴**를 움직여 차례로 연결봉과 크랭크 기계를 구동합니다. 그래서 나무꾼은 쉴 수 있습니다!

이 도르래는 양방향 회전 운동을 하여 줄을 **제동기**에 되감습니다.

줄은 통나무가 앞쪽으로 움직이도록 **받침대**를 잡아당깁니다.

다용도 에너지원

이 기계의 유일한 에너지원인 물레방아에서 떨어지는 물은 여러 방식으로 변환되고 다양한 목적으로 사용됩니다. 물레방아는 정지하지 않고 항상 같은 방향으로 회전하지만 동시에 위아래로 움직이는 톱을 동작시키고 통나무가 있는 받침대를 앞으로 움직이는 역할을 합니다.

오늘날 나무를 가공하는 산업 분야에는 여러 톱이 사용됩니다.
레오나르도가 상상했던 것과 똑같이 위아래로 움직여 왕복 운동을 하는 회전 톱과 줄톱, 레이저 톱 등이 있습니다.

산업용 제재소

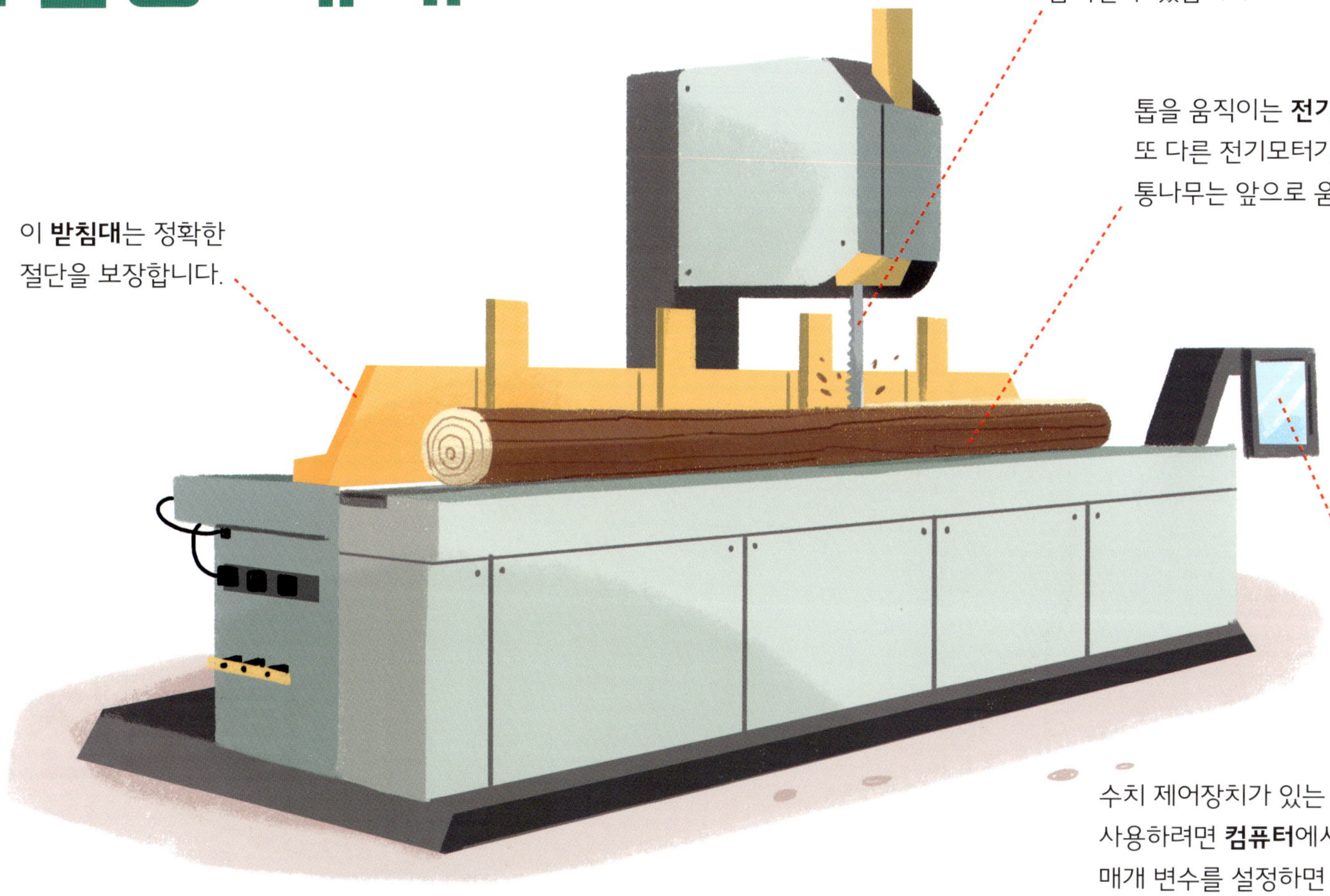

톱은 다양한 절단 두께를 설정하기 위해 옆으로 움직일 수 있습니다.

톱을 움직이는 **전기모터**와 또 다른 전기모터가 있어 통나무는 앞으로 움직입니다.

이 **받침대**는 정확한 절단을 보장합니다.

수치 제어장치가 있는 현대식 톱을 사용하려면 **컴퓨터**에서 원하는 매개 변수를 설정하면 됩니다. 나머지는 자동으로 동작합니다.

레이저 톱

세공 공구로 나무 테두리를 잘라본 적이 있습니까? 절대 쉽지 않습니다! 그러나 현대적인 레이저 톱을 사용하면 모든 게 달라져요.
레이저는 매우 강력한 빛의 일종으로 때에 따라 얇고 정밀한 절단으로 목재와 같은 재료를 자를 수도 있어요. 레이저 톱은 놀라운 속도로 컴퓨터에 입력된 궤도에 따라 매우 복잡한 절단을 수행할 수 있는데 1m 길이의 절단에 2초밖에 걸리지 않아요!

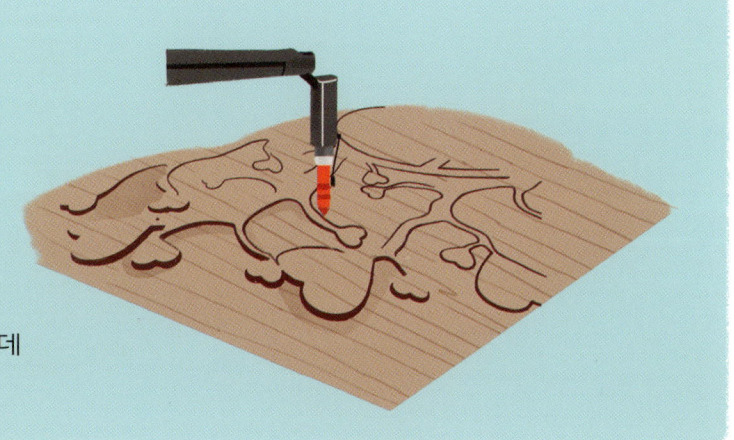

원시인들은 큰 돌을 움직이기 위해서는 통나무 위에서 굴리는 것이 훨씬 낫다는 것을 발견했습니다. 이런 방식은 돌과 땅 사이의 마찰이 줄어 짐을 옮기기가 더 쉽습니다. 시간이 지남에 따라 인류는 항상 마찰을 극복할 수 있는 새로운 방법을 고안했습니다. 예를 들어 나무 원형 판 위에서 회전해야 하는 다른 나무 원형 판이 있다고 상상해보세요. 시간이 지남에 따라 마찰이 생겨 닳아지는데 두 원형 판을 닳지 않게 하려면 어떻게 해야 할까요? 기름이나 다른 윤활제를 사용할 수 있습니다. 아니면 레오나르도가 한 것처럼 볼 베어링을 발명할 수 있습니다!

볼 베어링

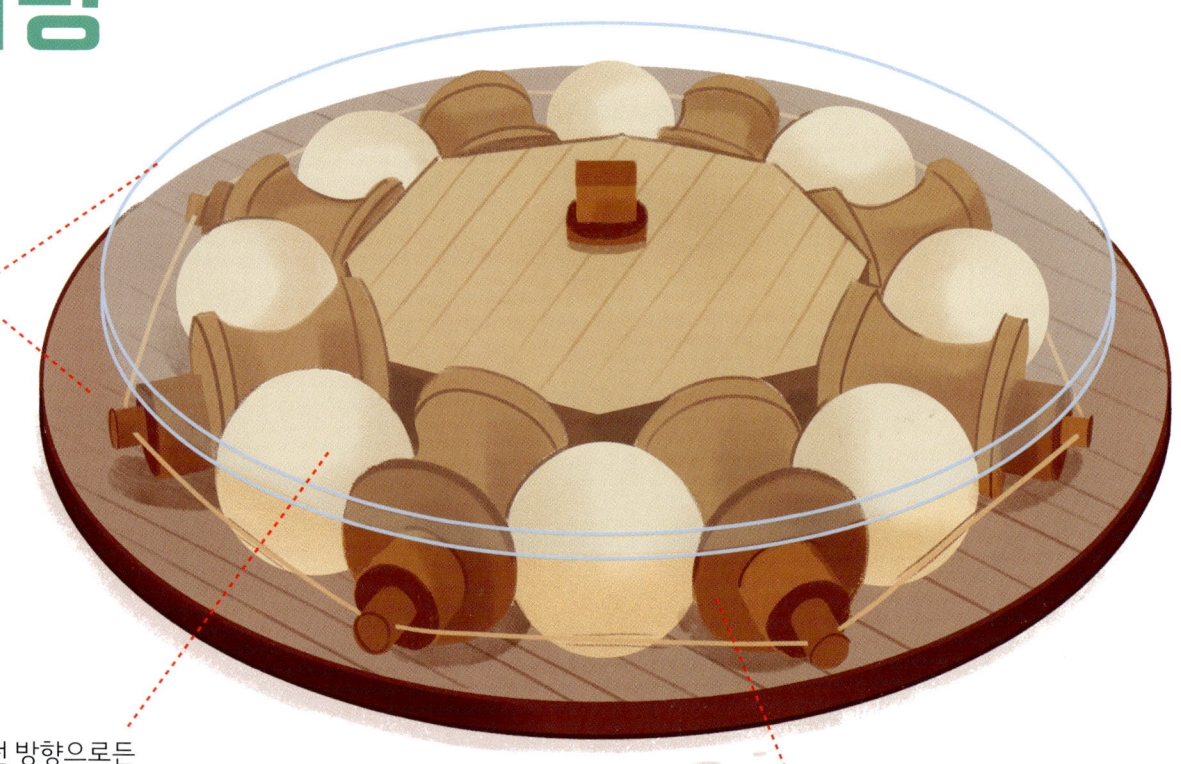

아래쪽 원형 판과 위쪽 원형 판은 접촉하지 않고 원형 판 사이에 위치한 볼 위로 미끄러지기 때문에 거의 마찰 없이 독립적으로 회전할 수 있습니다.

볼은 어떤 방향으로든 움직일 수 있으며 두 원형 판 사이의 베어링 역할을 합니다.

이 **나무**는 볼이 제 위치에서 움직이게 하는 역할을 합니다.

마찰 주의

준비물
- 약 30cm 길이의 두꺼운 골판지 1장
- 작은 구슬 1개
- 가위
- 접착제와 접착테이프
- 무거운 책 1권

골판지를 잘라서 폭이 5cm인 띠("밑판") 2개와 폭이 2cm인 띠("가장자리") 4개를 만듭니다. 이제 첫 번째 밑판 위에 가장자리 2개를 붙이고 중앙에는 구슬 하나 폭의 홈통을 남깁니다. 다른 밑판도 똑같이 합니다. 이제 첫 번째 밑판을 접착테이프로 책상에 붙입니다. (먼저 부모님에게 승낙을 받으세요! 그리고 여러분은 볼 베어링을 한 번도 보지 못했을 수 있지만, 어디에나 있는 자전거 바퀴에서 볼 수 있습니다.

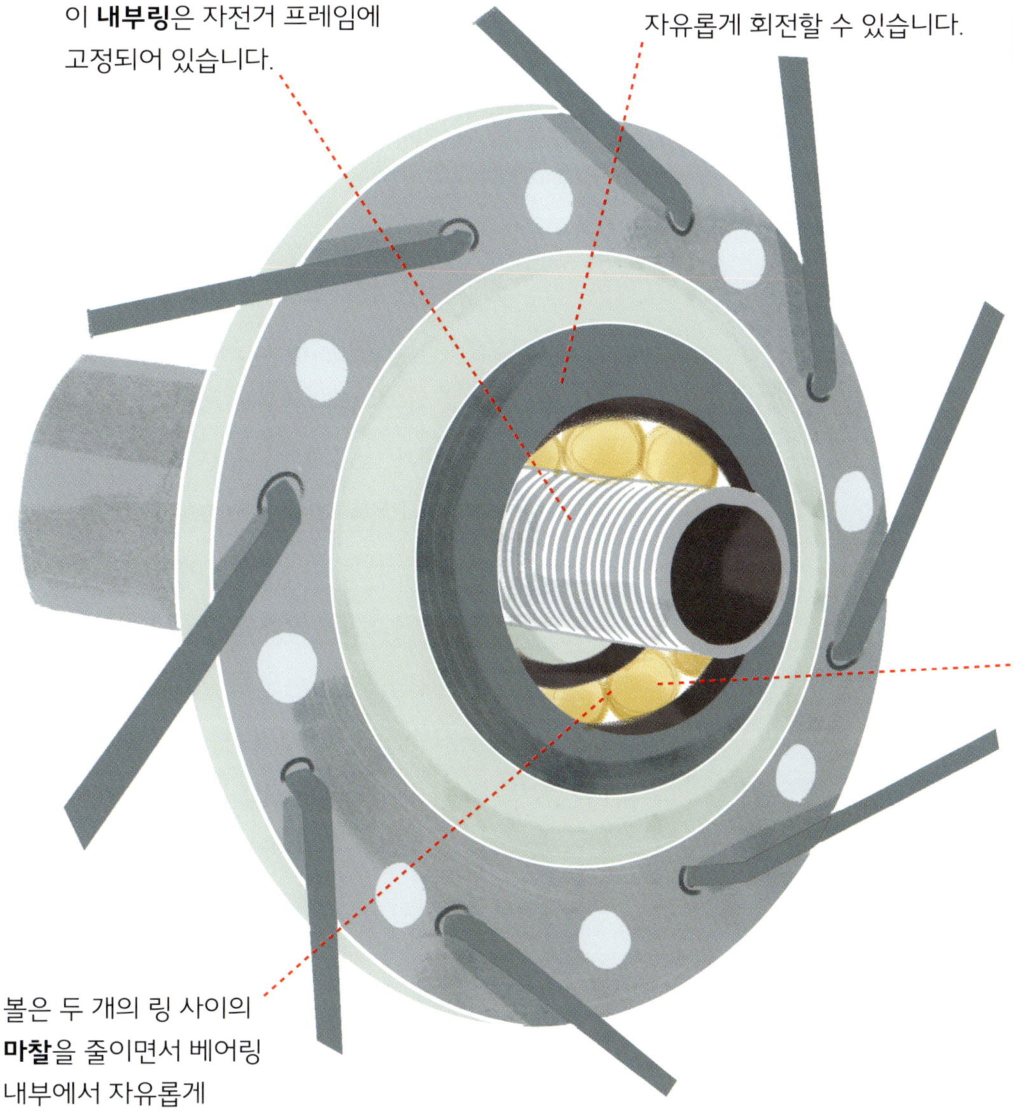

이 **내부링**은 자전거 프레임에 고정되어 있습니다.

이 **외부링**은 바퀴에 고정되어 자유롭게 회전할 수 있습니다.

다른 듯 같은 듯

레오나르도의 볼 베어링은 위아래에 각각 놓인 두 개의 원형 판 사이의 마찰을 줄이기 위해 볼을 넣어 탄생했어요. 이 페이지에서의 베어링은 "동심형"이며 볼이 내부링과 외부링 사이의 마찰을 줄이는 역할을 하여 자전거의 바퀴를 잘 움직일 수 있게 합니다. 레오나르도의 볼 베어링과 작동 원리는 같습니다!

어떤 **베어링**은 레오나르도의 생각처럼 한 볼과 다른 볼 사이에 분리기를 가지고 있습니다.

볼은 두 개의 링 사이의 **마찰**을 줄이면서 베어링 내부에서 자유롭게 회전합니다.

볼 베어링

책상을 훼손하지 않도록 조심하세요) 이제 두 번째 밑판을 첫 번째 밑판 위에 놓고 두꺼운 책을 그 위에 올린 다음 한쪽에서 다른 쪽으로 밀어 봅니다. 어때요! 힘들다고요? 그럼 구슬을 홈 안에 넣고 아까와 같이 다시 시도합니다. 봤나요? 훨씬 더 쉽습니다!

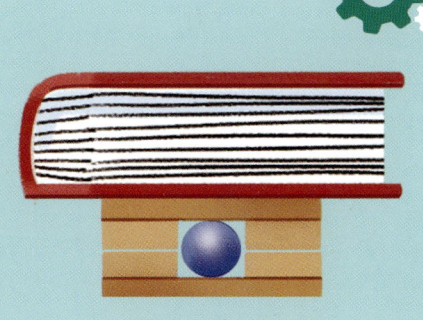

여행가 레오나르도

레오나르도는 위대한 탐험의 시대에 살았어요. 1492년 레오나르도가 40살이었을 때, 크리스토퍼 콜럼버스는 서쪽으로 항해하면서 인도에 도착하려고 시도했지만, 아메리카를 발견했으며, 항해사인 아메리코 베스푸치 이름을 따서 지었어요. 레오나르도보다 2년 어린 베스푸치는 신대륙의 첫 탐험가 중 한 명이었지요. 사실, 아메리카는 아시아를 많이 연구한 레오나르도에게는 특별히 관심이 있는 것 같지는 않았어요. 게다가 최근 이론은 그녀의 어머니 카타리나가 중동에서 이탈리아로 온 노예였기 때문에 레오나르도가 반은 이탈리아인이었고 반은 아랍인이었을 수도 있다고 주장했어요. 또한 호기심 많은 레오나르도는 먼 나라로 여행하는 것에 매료될 수밖에 없었어요. 하지만 복잡한 시대에 살았던 레오나르도는 여행 대신 상상력에 의지할 때가 많았어요. 비록 그는 자신을 '글을 모르는 남자'라고 말했지만, 레오나르도는 열렬한 독서광이었어요. 그는 자주 가는 도서관에서 항상 그의 발명품과 여행에 영감을 주는 새로운 책을 찾고 다녔어요. 오늘날 우리는 그가 여행 책을 공부했거나 이국적인 장소를 좋아했다는 것을 알고 있는데 왜냐하면 그의 노트에는 책에서 복제된 듯한 많은 그림이 있었기 때문이에요. 예를 들어 코끼리와 같은 동물은 유럽에서 찾아보기 힘든 것들이지요!

그리고 '대서양 코드'에 보존된 메모를 보면 레오나르도가 아시아 여행 중 술탄을 섬길뻔한 내용이 있으며, 전통적인 의상을 입은 주민들의 초상화, 멋진 풍경 그리고 전설을 기록한 내용도 있었어요. 그러나 레오나르도는 아시아에 간 적이 결코 없었어요.

모든 학자는 그의 여정이 완전히 만들어졌고 재미로 쓰인 상상의 이야기라고 분석했어요.

이탈리아를 오가다

레오나르도는 특히 이탈리아 북부와 중부를 광범위하게 여행했어요. 피렌체에서 밀라노로 옮기고, 만토바에 갔다가 베네치아로, 체사레 보르자를 위해 마르케와 로마냐를 여행했으며, 밀라노로 돌아와 다시 로마에 갔다 그리고 또…….
그러나 이탈리아는 아직 안정되지 않아서 시칠리아와 나폴리, 교황이 통치하는 교황령, 피렌체 공화국, 페라라 공국과 베니스 공화국처럼 일련의 작은 주와 공국으로 나누어져 있었어요.
대부분 국가는 아직도 전쟁을 벌이고 있었고 레오나르도는 이러한 갈등을 자신의 이익으로 이용하려고 했어요. 사실 예술가로 살아남기 위해 권력가의 보호가 필요했고, 무엇보다도 그는 돈이 필요했어요. 레오나르도는 자신의 작품활동을 하기 위해 또한 그와 함께 살고 여행하는 "팀"을 유지하고 급여를 지급하는데 많은 돈을 썼어요. 조력자, 노동자, 수습생과 하인들!
이런 이유로, 레오나르도는 권력가의 호감을 잃거나 돈이 부족해질 때, 유일한 선택은 짐을 꾸리고 다른 곳으로 떠나는 것이었어요.
그래서 그는 거의 평생 그렇게 여행을 다녔어요.

1 프랑스 왕국
2 사보이아 공국
3 몬페라토 Marchesato
4 살루쪼
5 제노바 공화국
6 모데나 공국
7 루까 공화국
8 피렌체 공화국
9 시에나 공화국
10 사르네냐 왕국
11 스위스 연방
12 밀라노 공국
13 바비에라 공국
14 잘츠부르코 공국
15 트렌토
16 티롤
17 베네치아 공화국
18 페라라 공국
19 오스트리아
20 헝가리 왕국
21 교황령
22 나폴리 왕국
23 시칠리아 왕국
24 라구사 공화국
25 오스만 제국

4장

레오나르도 바퀴를 달다

여행에 관해 이야기 할 때, 비행기도 많이 타지만 우리는 보통 육로 가는 여행을 많이 생각합니다.
철도(기차) 또는 도로(자동차, 버스, 자전거, 오토바이, 택시…).
그러나 레오나르도 때는 달랐어요. 그 당시에는 도로가 거의 없었고 종종 완전히 황폐한 길들도 있었어요.
어떤 때에는 갑작스러운 비 또는 산사태와 같은 날씨가 여행을 불가능하게 만들었어요. 또 아름다운 풍경을 지나자마자 길이 없는 울창한 산림이 나타나기도 했어요. (당시 이탈리아는 울창한 산림으로 덮여 있었어요)
설상가상으로 여행은 꽤 위험했어요. 강도나 전쟁에서 패배한 병사들을 만나거나 그와 비슷한 처치인 사람들을 만날 가능성이 있었어요.
만약 오늘날 피렌체에서 밀라노로 가려면 기차로 2시간이면 충분하지만, 레오나르도는 며칠 동안 긴 여행을 해야 했는데 그것은 모험적이고 분명히 위험했어요!

"우리가 가는 곳에, 길은 필요 없어"

이 문장은 1980년대의 유명한 공상 과학 영화에서 가져온 것입니다. 이 영화에서는 자동차가 미래에 날 수 있다고 상상합니다. 하지만 현재 도로의 기능은 운송의 속도(또는 반대로 느려짐)에 대한 중요한 역할을 하고 있어요.
고대 로마인들은 이미 거의 80,000km에 이르는 인상적인 도로망 위에 제국을 세웠다는 것을 알고 있어요.
로마인들은 매우 숙련된 도로 건설업자들이었기 때문에 오늘날까지도 이탈리아의 도로망은 그들에 의해 건설된 도로와 겹칩니다. 그러나 중세 시대에 로마 도로의 대부분은 잊히거나 폐허가 되어 버렸고, 레오나르도 시대에 그 상황은 더욱 비참하게 되었어요.
아마도 이것이 레오나르도가 자동차 같은 새로운 교통수단을 발명하는데 특별한 관심을 기울이지 않은 이유일 것입니다. 자동차의 발명은 극장 같은 실내에서 작동하도록 설계되었어요. 실제로 도로 운송 수단을 고안하기 위해, 레오나르도는 충격 흡수 장치 또는 타이어와 같이 연결된 발명품을 상상해야 했어요. 그러나 무엇보다 도로를 아스팔트로 만들어야 했었는데 아스팔트는 1800년대 말에 만들어졌어요. 진짜 자동차가 달릴 수 있는 길!

빠른 속도!

레오나르도가 여행할 때 얼마나 빨리 움직일 수 있을까?
그것은 짐의 양, 도로 상태, 날씨 등에 따라 달라지기 때문에 가늠하기가 쉽지 않다.

평균 속도: 4km/h
하루 이동 거리: 30km

평균 속도: 4km/h
하루 이동 거리: 30km

평균 속도: 6km/h
하루 이동 거리: 45km

평균 속도: 4km/h
하루 이동 거리: 80km

이것은 가장 위대한 발명품 중 하나입니다. 이 발명품이 레오나르도가 발명한 것에 대해 수십 명의 학자가 논쟁했습니다. 과연 뛰어난 레오나르도가 자전거도 발명했을까요?

자전거

레오나르도는 완충 장치나 쿠션을 생각하지 않았습니다. **나무로 만든 안장**은 허리가 너무 불편합니다!

고정된 핸들로는 바퀴의 방향을 조절할 수 없습니다. 그래서 코너를 돌거나 곡선을 그리려면 자전거를 좌, 우로 기울여야만 합니다. 운이 따르길 바래야겠지요!

페달들은 큰 톱니바퀴를 작동시키고, 뒷바퀴는 작은 톱니바퀴에 붙어있습니다. 이렇게 하면 페달을 살짝 밟기만 해도 바퀴가 돌아갑니다.

체인을 사용해서 한쪽 톱니바퀴를 다른 쪽과 연결하여 움직이게 한 것은 정말이지 천재적 솜씨입니다!

아마 가짜일지도 몰라요.

자전거의 디자인은 레오나르도의 가장 중요한 노트 메모인 '코디체 아틀란티코Codice Atlantico'의 복원 작업 중에 밝혀졌어요. 그러나 많은 학자에 의하면 이는 가짜일 것이며 아마 복원하는 사람들이 장난하려고 집어넣은 그림일 것이라고 합니다. 이 이론을 뒷받침하는 몇 가지 사례가 있어요. 스케치 일부는 레오나르도 시대에는 존재하지 않았던 흑연 연필로 그려진 것처럼 보이기도 하고, 자전거의 발명이 '재발명'되기까지 수 세기 동안 잊혀 있던 것도 이상하다는 것입니다. 또 다른 이론은 자전거의 본래 디자인이 레오나르도가 아니라 그의 제자 중 한 사람인 살라이에 의해 만들어졌다는 것입니다.

오늘날 자전거는 가장 널리 퍼져있는 교통수단입니다. 전 세계에 걸쳐 10억 개가 넘으며 그중에 거의 절반은 중국에 있는 것으로 추산됩니다. 자전거는 실용적이고 가볍고 빠르지만, 무엇보다도 환경을 오염시키지 않고 건강을 유지하는 데에 도움이 되기 때문에 자동차 대신 자전거를 많이 탑니다.

자전거

바퀴는 고무로 만들어지며 펑크 충격을 완화하는 내부 공기튜브가 들어있습니다. 같은 목적으로 일부 자전거에는 충격 흡수 장치가 있습니다.

다양한 크기의 톱니바퀴 덕분에 **변속기**는 페달 속도와 바퀴의 속도를 기어로 조절할 수 있습니다. 느린 기어로는 경사로를 오를 수 있으며 더 빠른 기어는 평평한 길에 적합합니다.

레오나르도의 자전거에서는 빠졌지만, 안전을 위해서라면 필수적인 게 있습니다. 바로 **브레이크**죠! 브레이크는 주로 단순한 조임 장치로 되어 있거나 때로는 자동차 브레이크와 같은 원반(디스크) 형태이기도 합니다.

휠은 안전한 주행을 하고 곡선으로 달리는 데에 필수적입니다!

기나긴 역사

1817
드라이지네: 페달이 없어서 앞으로 나아가려면 발로 밀어야 합니다!

1839
맥밀런의 자전거: 페달이 있지만, 체인 대신 레버 시스템을 사용합니다.

1860
자전거: 페달은 거대한 휠에 고정되어 있습니다.

여러분은 레오나르도가 동력을 변형시키고 전달하는 방법에 매우 흥미를 느끼고 있다는 사실을 알았습니다.
그는 단순하게 생긴 크랭크(손잡이)를 돌려 수레를 움직이게 하는 장치를 생각해냈습니다.

동력 이동 시스템

크랭크를 직접 잡고 돌려야 하니까 이 경우에도 **사람의 힘**이 사용됩니다.

아래로 향한 톱니와 맞물리는 **랜턴 모양의 기어**는 회전 방향을 수평에서 수직 방향으로 바꾸는 데에 사용됩니다.

레오나르도 시대에는 도로가 비포장 상태이거나 도로 자체가 없었습니다. **바퀴에 붙어있는 못**은 어려운 지형에서 지탱하는 역할을 합니다.

두 바퀴가 독립적이어서 수레는 곡선 이동도 할 수 있습니다. 하나는 동력에 연결된 주행용이며 다른 하나는 자유롭게 움직입니다.

스스로 곡선 그리기

준비물:
- 컴퍼스
- 종이
- 펜
- 노끈
- 자

레오나르도의 수레바퀴(또는 자동차의 바퀴)는 각자 독립적으로 움직이며, 이로써 곡선을 만들 수 있게 됩니다. 실제로 자동차가 돌 때는 바깥쪽 바퀴가 안쪽 바퀴보다 더 많은 거리를 움직여야 하지요. 그것이 사실인지 두 눈으로 확인하려면 컴퍼스를 잡고 원호를 하나 그려봅니다. 그러고 나서 같은 중심에서 컴퍼스의 넓이를 3cm 정도 줄이고, 첫 번째 원호의 근처에 두 번째 원호를 그려봅니다. 이것이 길 위에 난 자동차 타이어 자국이라고 생각해보세요. 눈으로만 보아도 두 번째 곡선이 첫 번째 것보다 훨씬 짧은 걸 알 수 있죠. 그래도 믿을 수 없다면 그림 위에 노끈을 놓고 자를 이용해서 둘 사이의 거리를 잴 수 있습니다.

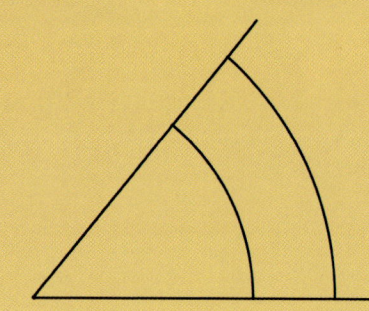

자동차에서도 바퀴는 독립적으로 움직일 수 있어야 합니다.
그러나 모두 엔진에 연결된 자동차의 바퀴는 어떻게 움직일까요? 바로 차동기어의 등장입니다!

이 **기어**는 바퀴에 움직임을 분배합니다. 차가 직진하면 같은 모양으로 구동하지만, 커브 길을 돌면 외부 기어가 조금 더 돌고 내부 기어는 덜 구동됩니다. 이렇게 되면 바퀴가 미끄러지지 않지요!

기어는 마찰을 최소화하기 위해 **윤활유**에 잠겨 있습니다.

이러한 파이프(반대편에도 동일한 것이 하나 있습니다.)에는 기어의 회전을 바퀴에 전달하는 **두 개의 축**이 있습니다.

이 **변속 축**은 엔진에서 생성된 움직임을 차동기어로 전달합니다.

차동기어

사륜구동차는?

사륜구동의 오프로드 차량에는 3개의 차동기어가 있습니다. 하나는 앞바퀴에, 하나는 뒷바퀴에, 그리고 또 하나는 앞바퀴와 뒷바퀴 사이의 엔진 출력을 분리합니다. 엄청 복잡하죠!

레오나르도는 공연하는 극장 내부에서 무거운 무대 장치들을 옮기기 위해 이 "스프링 수레"를 발명한 것으로 보입니다. 그리고 이 편리한 수레는 전쟁에서도 사용되었습니다.
이 수레는 지금 보아도 차와 비슷한 모습을 갖추고 있습니다.

이 핀에 **손잡이**를 넣어 돌리면 모터 역할을 하는 스프링이 작동됩니다.

이 톱니바퀴 아래에는 **스프링**이 있습니다. 스프링이 풀어지면서 수레바퀴에 동력을 전달합니다.

속도 조절을 위해 기어에 직접 연결된 **브레이크**를 이 부분에서 조절합니다.

자가동력수레

이 **바퀴**를 조종해서 수레를 원하는 방향으로 운전합니다.

그냥 둘지, 두 배로 늘릴지!

레오나르도는 자가 동력 수레의 힘을 늘리기 위해 모든 부품을 두 배로 늘릴 생각까지 했어요. 크랭크도 둘, 스프링도 둘, 기어 장치도 두 개로 말이죠. 왜냐고요? 두 바퀴를 연결하는 데에 하나로는 충분하지 않았냐고요? 글쎄요, 충분치가 않았어요. 여러분도 66p에서 보았듯이 레오나르도는 곡선에서의 바퀴로 전달되는 동력 문제에 대해 잘 알고 있었기 때문에 두 개로 만들 생각을 했던 것이지요.

오늘날 기계라고 하면 곧 자동차가 떠오를 정도로(이탈리아어로 자동차와 기계는 동음어이다) 자동차는 매우 많이 보급되어 있습니다. 자동차는 오랜 시간 동안 우리의 생활에 밀접하고 흔하지만, 믿을 수 없이 복잡하고 놀라운 발명품입니다. 모든 자동차가 각각 다른 3만 개 이상의 부품으로 이루어져 있다는 걸 생각해보세요!

자동차

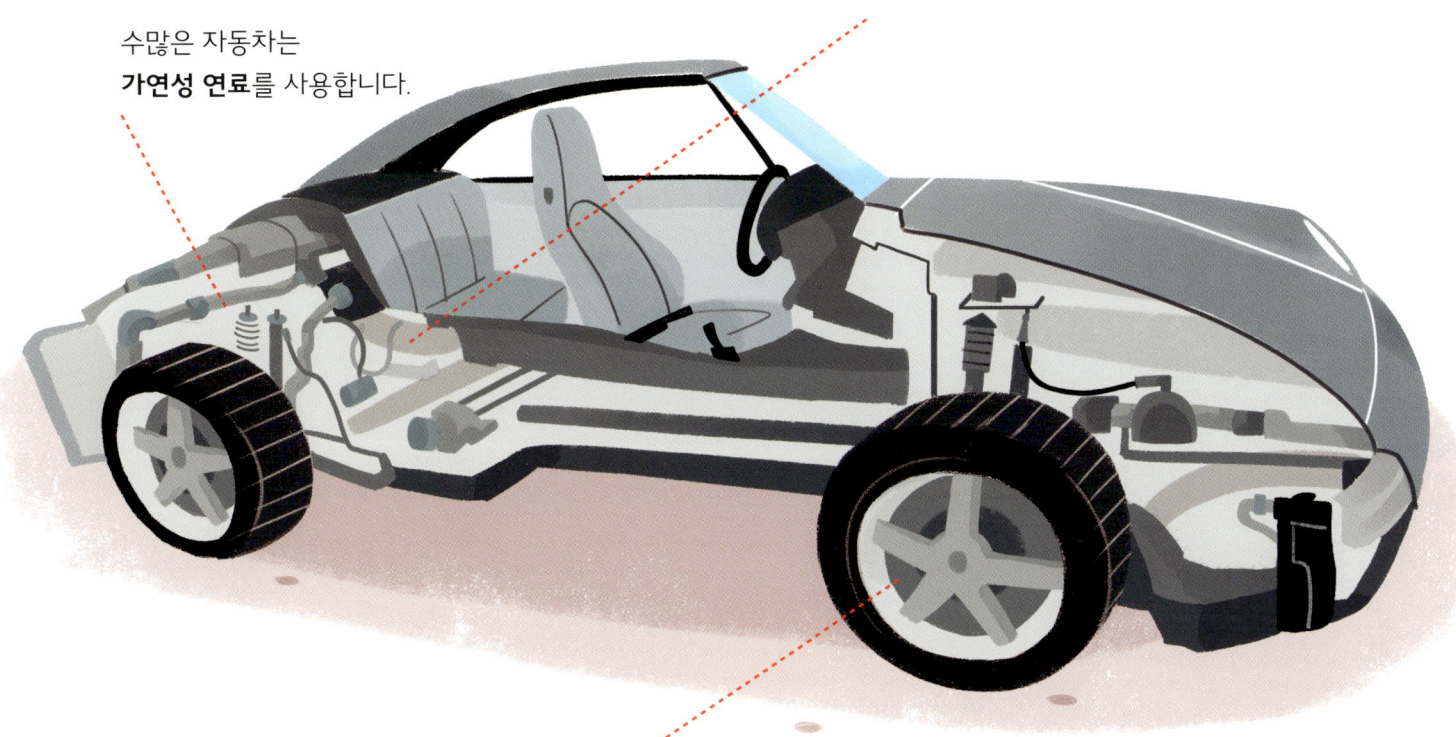

엔진의 동력은 킬로와트(kW) 또는 마력(hp)으로 측정합니다.

수많은 자동차는 **가연성 연료**를 사용합니다.

브레이크는 금속 디스크를 잡아서 바퀴를 느리게 하는 강력한 조임 장치입니다. 몇 초 만에 차량을 세울 수 있는 능력이 있죠.

환경오염과 전기

자동차는 연료를 연소 시켜 작동하기 때문에 탄소배출이 많아 지구환경 오염의 주요 원인 중 하나입니다. 이 때문에 최근 몇 년간 하이브리드차(내연 기관과 배터리로 전기 모터를 구동하여 탄소배출을 줄이는 방식의 차)를 비롯한 전기차의 수가 증가했습니다. 그런데 전기차의 큰 문제점 중 하나는 충전의 문제에요. 휴대전화처럼 배터리가 금세 방전되어버리면 어떻게 할까요? 걱정 마세요! 배터리 성능은 꾸준하게 향상되고, 충전소도 많이 생길 거예요. 그래서 향후 전기차의 비중이 더 커질 확률이 높습니다!

기록적인 자동차!

지금까지 만들어진 자동차 중 가장 빠른 차는 스러스트 SSC입니다. 이 차는 시속 1,228km/h의 속도에 도달하는 로켓 엔진을 가지고 있습니다! 그리고 스포츠카로 가장 빠른 차는 시속 490km/h 를 기록한 부가티 시론입니다.

탄성 자동차 만들기

준비물 :
- 아이스크림 막대기 3개
- 빨대 1개
- 긴 꼬치 2개
- 이쑤시개 1개
- 모터를 대신할 고무줄 1개
- 바퀴를 위한 작은 고무줄 2개
- 플라스틱 병뚜껑 4개
- 접착제
- 가위
- 작업대를 보호하기 위한 테이블보

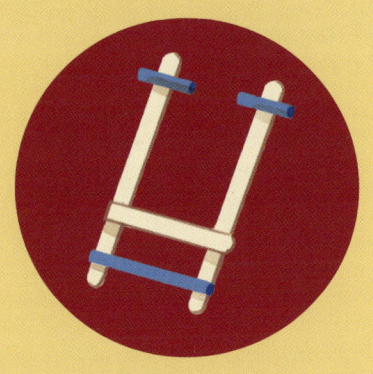

1. 가위를 이용하여 아이스크림 막대기 중 하나를 반으로 자릅니다. 자르지 않은 막대기 두 개를 나란히 놓고 반으로 자른 막대기를 "H" 모양이 되도록 붙입니다. (그림을 참고하세요.) 짧은 막대기를 가운데 쪽으로 놓지 말고 앞부분에 가깝도록 놓습니다.

2. 빨대를 자릅니다. 자동차 몸체만큼 긴 모양과 아이스크림 막대기의 두께보다 살짝 더 긴 모양 두 개가 필요합니다. 접착제를 이용해서 그림과 같이 막대기에 부착합니다.

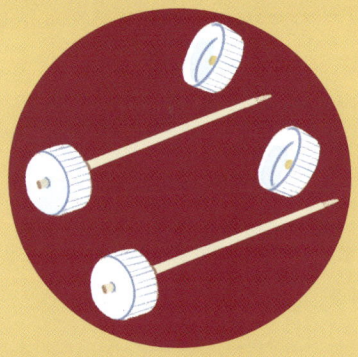

3. 가위의 뾰족한 부분이나 작은 못을 사용해서 플라스틱 뚜껑의 가운데에 구멍을 뚫어줍니다. 긴 꼬치 두 개를 뚜껑의 안쪽에 끼웁니다.

4. 그리고 3번의 꼬치를 빨대 사이에 넣어서 반대쪽에는 나머지 뚜껑을 끼웁니다. 이렇게 바퀴가 완성되었네요. 바퀴를 조립할 때에는 뚜껑의 윗부분(평평한 부분)이 자동차의 바깥 방향을 바라보도록 합니다.

난이도

  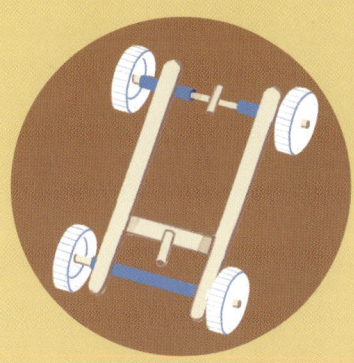

5. 접착제로 막대기와 바퀴를 부착시킵니다. 이 바퀴들은 고무줄 모터의 동력을 바닥으로 전달하는 데에 중요한 역할을 할 것입니다.

6. 이제 엔진을 만들어볼 시간입니다! 빨대가 밑으로 가도록 자동차를 뒤집습니다. 아이스크림 막대기 두께의 두 배 정도 길이로 이쑤시개 하나를 쪼개서 그림처럼 붙여줍니다.

7. 이번 단계는 좀 더 어렵습니다. 이쑤시개의 나머지 부분에 접착제를 살짝 만 묻혀서 뒷바퀴의 가운데 축에 붙입니다.

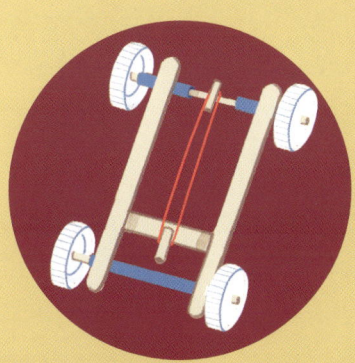 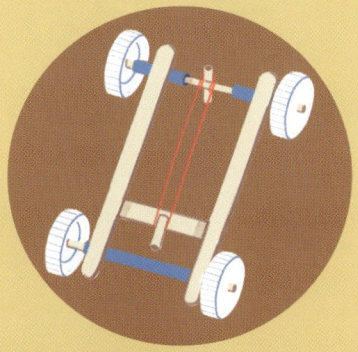

8. 접착제가 마르기를 기다립니다. 그리고 뒤 중심축에 고무줄을 끼워 넣고 나면 고무줄을 당겨서 앞쪽 중심축에 끼웁니다. 양쪽 모두 접착제로 고정합니다.

9. 이제 여러분의 자동차는 완성되었습니다! 바퀴를 뒤로 돌려서 장전하고 자동차를 바닥에 놓을 때까지 잘 잡고 있다가 놓아주면 됩니다!

TIP!

뒷바퀴를 뒤로 감아서 고무줄을 장전했는데 1cm 조차도 안 움직였다고요? 문제는 바퀴와 바닥 사이의 마찰입니다. 마찰이 없으면 아무 데도 갈 수 없지요! 여기 두 가지 해결책이 있습니다. 동력이 되는 뒷바퀴에 고무줄을 감거나, 뒷바퀴에서 가까운 쪽에 무거운 것(묵직한 나사 두 개나 자갈 등…)을 붙입니다. 이렇게 하면 마찰이 증가하면서 바닥을 치고 나갈 수 있어요!

5장
물속의 레오나르도

불만이 많아 보이는 남자가 너무 크게 웃자 모두가 그를 쳐다본다.
"이것들이 교통수단 분야에서 레오나르도의 위대한 발명품이라고? 자전거는 틀림없이 가짜일 거예요. 그리고 차는 사실 극장용 수레입니다. 자동장치의 조상이라고?"
나는 너무 기가 막혀 구운 고기를 먹다 거의 질식할뻔했다. 줄리아도 나를 당황스럽게 쳐다본다. 그사이 내 앞에 있는 아직 이름도 모르는 그 여학생은 웃었다.

레오나르도와 수로

르네상스 시대에는 수로와 바다가 주요 이동 경로였어요. 배는 수레나 기병보다 빨랐지요. 그들은 훨씬 더 무거운 짐을 실을 수 있었고, 멀리 여행할 수 있었고, 강도와 무법자로부터 더 많이 보호받을 수 있었어요. 해적만 조심한다면!

아마도 이러한 환경 때문에, 레오나르도의 가장 유명한 발명품 중 많은 것들이 물과 관련된 것이었어요. 이중 선체 아니면 외륜선처럼.

그러나 레오나르도는 다른 사람들처럼 물 위를 여행하는 것에 만족할 수 없었어요. 그는 약 400년 전 쥘 베른의 소설 "해저 2만리"에 나올 것이라 예상하면서 해저탐험을 상상한 첫 번째 사람입니다.

그때, 내 오른쪽에 있는 하얀 긴 수염을 하고 있는 노신사가 일어나서 얘기했다.

"친애하는 동료 여러분! 실례하지만, 그의 의견에는 시대적 상황으로 볼 때 오류가 있습니다."

불만이 많아 보이는 남자를 보며 말하는 그는 내 편인 것 같다. 나는 미소를 지었다.

"오늘날, 육상 운송이 제일 큰 비중을 차지하지만, 레오나르도가 살던 시대에는 그렇지 않았어요. 수송 대부분은 물을 이용하는 운하 및 선박을 사용했습니다. 실제로 레오나르도는 해군 기술자로서 주목할만한 발명품을 만들었습니다."

"정말 그래요. 레오나르도는 심지어 바다를 항해하는 것 이외에, 깊이를 탐험하기 위해 내려갈 수도 있다는 것을 처음으로 상상했어요!" 내가 말했다.

아르키메데스의 추진력

준비물:
- 물 가득한 양동이(또는 욕조) 1
- 밀봉 봉합된 원통형 병 (예를 들어 뚜껑 있는 커피통) 1
- 밸러스트 (자갈, 조약돌. 쌀 등 무게중심을 잡기 위한 무거운 물건)
- 자 1
- 주방용 저울 1

왜 배와 같은 물체는 떠다니고 돌은 가라앉는 걸까요?
그것은 모두 아르키메데의 법칙 때문입니다.

고대 그리스의 유명한 과학자인 그는 "액체에 담긴 모든 물체는 아래쪽에서 밀어낸 액체의 부피의 무게만큼 위쪽으로 추력을 받는다"는 것을 발견했어요.
무엇을 의미할까요? 원통형 용기를 가지고 정밀하게 측정해보아요.
우리는 지름을 "d"라 하고 높이를 "h"라고 부르는 항아리가 있습니다.
이제 두 개의 조건을 아래 수식에 대입하여 얻어지는 숫자는 cc(세제곱센티미터) 단위로 항아리의 부피가 됩니다.

$h \times d \times d \times 3.14 / 4$

그리고 1cc 물의 무게는 1g이라는 것을 알아야 합니다.
내용물이 항아리의 무게보다 무겁다면, 그것은 가라앉을 것입니다.
그렇지 않으면 부동 상태가 됩니다.
예를 들어 당신의 커피통 지름이 12cm이고 높이가 15cm인 경우, 커피 용기의 부피는 1,696cc입니다. 자갈을 몇 개 넣고 무게를 재세요.
자갈 무게가 1,696 미만일 경우 떠다닐 거예요.
만약 그 이상이면 그것은 가라앉을 것입니다. 사실인지 알아보기 위해 실험을 해보세요!

레오나르도는 물의 도시 베네치아를 여행하면서 물에 관련된 많은 발명품을 생각해 냈습니다.
실제로 레오나르도는 노동자들이 일하는 것을 도울 수 있는 새로운 방법을 찾는 데 힘썼습니다.
그런데 그 일을 물속에서 해야 한다면 어떨까요? 그렇다면 노동자들이 입을 잠수복을 만들어야 합니다!

잠수복

잠수부는 **헬멧에 있는 이 유리**를 통해 물속을 볼 수 있어요.

표면에 있는 주름 관이 작동하면 이 **두 개의 튜브**에 공기를 불어 넣어 잠수부가 숨 쉴 수 있게 합니다.

가슴 부분의 **둥근 쇠**는 물의 압력을 버티어 숨을 잘 쉴 수 있게 합니다.

모래가 가득 찬 **주머니**들은 잠수부가 밑바닥에서 활동할 수 있게 하며, 물 위로 떠오를 때는 떼어 버립니다.

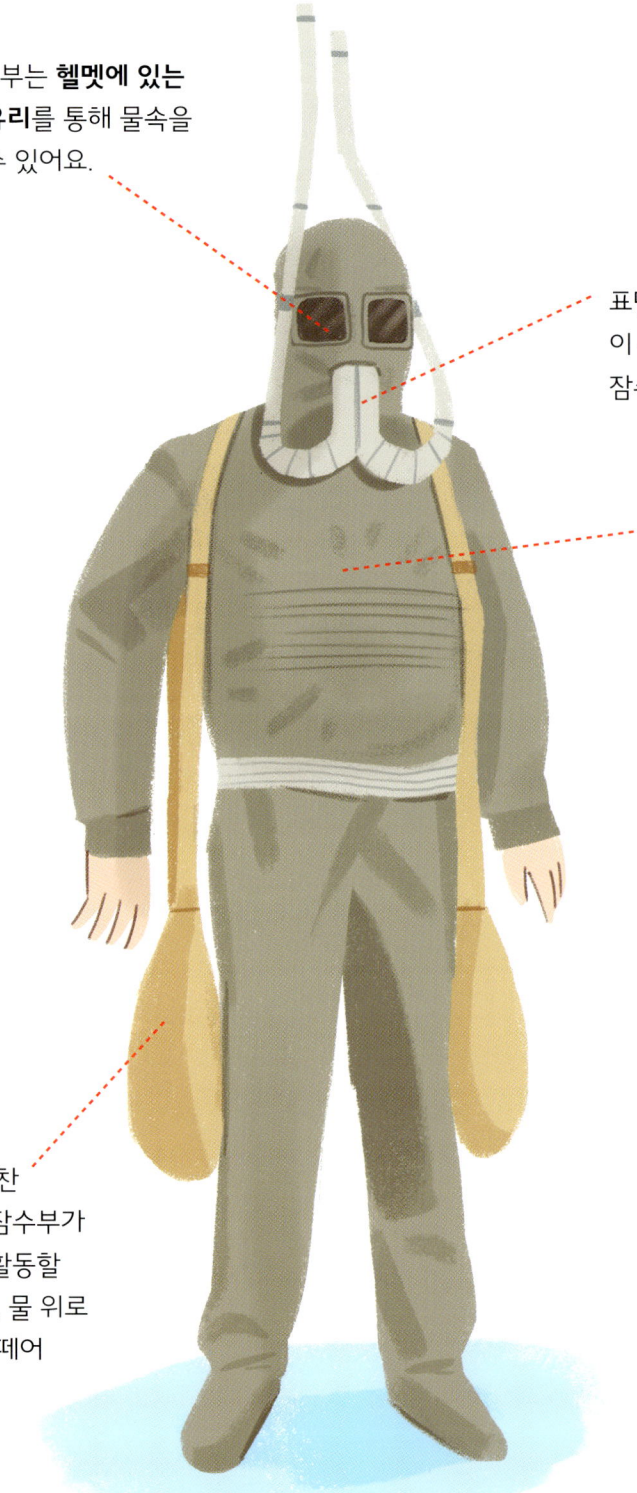

튜브의 문제점

레오나르도는 수중에서 잠수부가 숨을 쉬게 하기 위한 튜브가 필요했는데, 그 당시에는 고무가 없었기 때문에 대나무를 사용했어요. 그런데 대나무는 수중에서 활동하기에는 짧고 유연하지 않아 문제점이 있었어요. 그래서 레오나르도는 여러 개의 대나무에 방수 가죽을 붙여서 연결해 보려고 했어요. 그리고 물의 압력이 그 접합 부분을 누르지 않도록 내부에 용수철을 삽입하려고 했어요. 정말 대단히 독창적입니다!

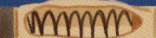

오늘날 잠수부들은 매우 깊은 곳에서 일해야 할 때가 많습니다. 그들의 장비는 레오나르도가 고안한 것과 믿을 수 없을 만큼 비슷합니다. 가장 다른 점은 잠수복이 압력을 이기기 위해 금속으로 만들어져서 매우 단단하고 두껍습니다. 마치 옷으로 만든 잠수정 같습니다.

잠수복에는 햇빛이 비치지 않는 깊은 물 속을 비출 수 있도록 강력한 **라이트**가 부착되어있습니다.

산소가 배에서 공급됩니다. 산소통이 필요 없어진 잠수부는 꽤 오랫동안 물속에 있을 수 있습니다.

휴양지의 잠수부들

어떤 관광 지역에서는 잠수부가 쓰는 것과 비슷한 헬멧을 쓰고 바다 깊이 들어갈 수 있어요. 이런 식으로 특별한 훈련을 받지 않고도 바다 밑을 산책하는 경험을 할 수 있지요. 당연히 그 깊이는 깊지 않고 위험할 경우를 대비해 잠수부들이 항상 대기하고 있습니다.

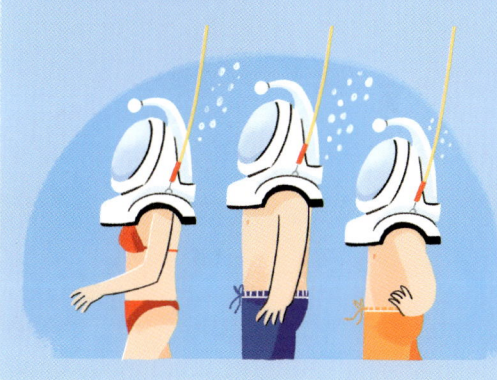

팔과 다리는 단단하고 **강한 몸통**에 연결돼 있습니다. 잠수복 안에 있는 손으로 바깥의 두 집게를 움직여 작업할 수 있습니다.

잠수복은 중세 기사들의 갑옷처럼 단단한 **소재**들로 되어 있지만 자유자재로 움직일 수 있습니다.

잠수복

이 페이지의 그림을 보면 즉시 구명 튜브를 떠올릴 것입니다! 레오나르도는 도넛 모양의 튜브를 발명했는데, 바다에 빠진 사람을 구할 때 쓸 수 있다는 것을 알았지만 더 많은 다른 기능들도 생각해 냈습니다.

튜브

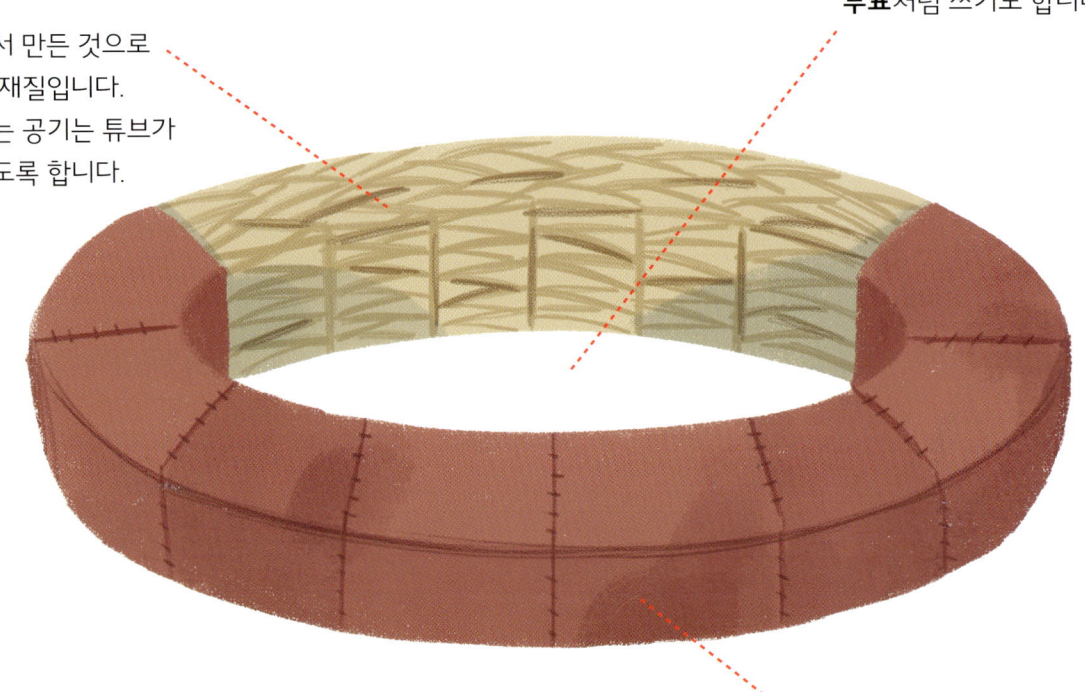

갈대를 엮어서 만든 것으로 질기고 강한 재질입니다. 안에 들어있는 공기는 튜브가 가라앉지 않도록 합니다.

이런 튜브는 **사람을 구하는** 데 쓰거나 **부표**처럼 쓰기도 합니다.

서로 꿰매진 이 **가죽 조각**들 때문에 물이 스며들지 않고 갈대가 젖지 않아 내부의 공기가 빠져나가지 못하게 합니다.

물에 떠다니는 부교

레오나르도가 살았던 시대에는 군대가 강을 건널 때 근처에 다리가 없는 상황이 종종 있었어요. 그래서 물이 얕은 곳을 찾아 그곳으로 건너야 했어요. 하지만 얕은 곳이 없는 강을 건널 때 레오나르도는 버팀목 역할을 하는 사각 튜브를 생각했어요. 그의 아이디어는 맨홀처럼 열 수 있는 매우 큰 사각 튜브를 만들어서 그 위로 자갈을 부을 수 있게 한 것이었어요. 그 구멍에서 강바닥으로 자갈들이 천천히 떨어지면서 수면이 낮아지고, 사각 튜브 앞뒤를 밧줄로 연결하면 군대가 건널 수 있는 버팀목이 만들어졌어요. 과연 자갈을 얼마나 부어야 할까요?

오늘날 떠다니는 부표는 만나는 지점으로써, 적의 잠수정을 식별하는 장치로써, 해저의 깊이를 표시하고, 과학적 조사와 쓰나미 발생 시 경보를 울리는 등 매우 다양한 목적으로 사용됩니다.

부표와 구명튜브

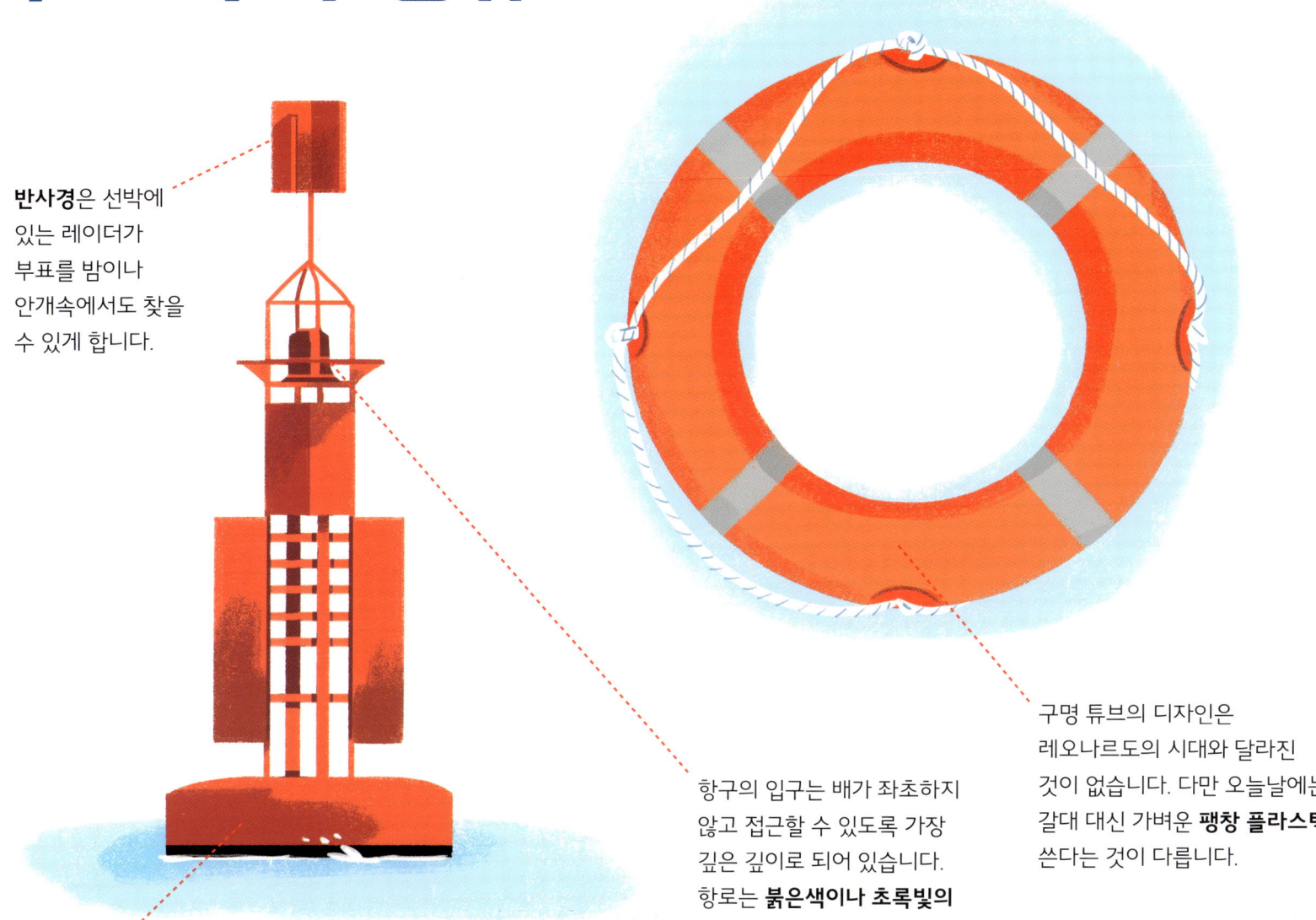

반사경은 선박에 있는 레이더가 부표를 밤이나 안개속에서도 찾을 수 있게 합니다.

항구의 입구는 배가 좌초하지 않고 접근할 수 있도록 가장 깊은 깊이로 되어 있습니다. 항로는 **붉은색이나 초록빛의 부표**로 표시됩니다.

구명 튜브의 디자인은 레오나르도의 시대와 달라진 것이 없습니다. 다만 오늘날에는 갈대 대신 가벼운 **팽창 플라스틱**을 쓴다는 것이 다릅니다.

이 부표는 **금속 재질**이지만 플라스틱 재질에 공기를 넣어 부풀린 것들도 있습니다.

쓰나미의 위험!

쓰나미가 일어날 가능성이 더 많다고 연구된 바다(특히 태평양)에는 파도의 상태를 기록하는 부표들이 있어서, 쓰나미가 발생하면 주민들이 안전한 곳으로 대피할 수 있도록 경보 신호를 보내줍니다.

그냥 물 위를 걸어서 강을 건널 수 있다면 다리를 놓을 필요가 있을까요?
이것이 레오나르도의 발명 중에 의심할 여지 없이 가장 놀랄 만한 것으로 생각합니다.

물 위를 걷기 위한 장비

레오나르도가 떠오른 아이디어에서 이 **막대들**은 물 위를 걷는 사람이 균형을 잃지 않도록 돕습니다.

물 위에 뜨게 하는 둥근 장비들은 다리를 넓게 벌리고 걸어야 했기 때문에 사용하기에는 매우 불편한 발명품이었을 것입니다!

마찰의 문제

준비물:
- 대야 한 개 (또는 큰 그릇 한 개)
- 물
- 코르크 마개 한 개

대야에 물을 채운 후, 코르크 마개를 가장자리에 닿지 않게 주의하면서 중앙에 놓아요.
대야를 천천히 돌리면 마개가 거의 움직이지 않는 것을 볼 수 있어요. 대야와 물 사이의 마찰이 완전히 감소하여서 힘을 가해도 물은(마개도) 움직이지 않으려는 성질이 있어요.
여기서 레오나르도의 발명품의 심각한 오류를 발견하게 됩니다.
물에 뜨는 그 둥근 장비는 실제로 앞으로 이동하기 위해 다리의 움직임에 대해 수면과의 마찰을 충분하지 생각하지 않았어요.
그래서 레오나르도의 물 위를 걷는 사람이 물가에 서 있는 것은 물레방아 위에 있는 것처럼 균형 잡기 매우 어려웠을 거예요.

오래전부터 뱃사공들은 서서 노를 저으려면 균형이 필요해 힘들지만 매우 효과적인 방법이라고 생각했습니다. 유명한 곤돌리에(곤돌라 사공)만 생각해 봐도 알 수 있습니다!
오늘날의 SUP(Stand Up Paddle-서서 패들 젓기)은 두꺼운 서프보드 같은 패들보드 위에 서서 하는 수상 스포츠로 하와이나 베네치아 등 세계 여러 곳에서 널리 유행하고 있습니다.

SUP

레오나르도의 라켓들은 균형을 잡는 데만 쓰였지만, **노**를 이용하면 쉽게 움직일 수 있어요.

보드는 매우 가볍고 한 사람을 지탱할 수 있는 크기입니다.

파도가 밀려와서 물에 빠지면 어떻게 될까요? 다행히 보드가 발에 묶여 있어서 도망가지 않아요.

길면 더 좋다

레오나르도의 프로젝트를 기반으로 자세히 살펴보면 80kg인 사람 한 명을 지탱하기 위해서는 둥근 장비 하나의 부피가 40,000cc에 높이는 15cm이고 지름은 60cm여야 합니다. 걷는 데 쓰기에는 너무 커서 부담스러운 장비일 것입니다! 더 나은 해결책은 장비의 길이를 늘이는 것입니다. 이 경우 하나의 너비가 20cm, 길이 1.35m이면 적당한 크기가 되므로 이것이 훨씬 실용적입니다. 그래서 물 위를 걷는 이런 스키들을 실제로 볼 수 있어요.

수천 년 동안 선원들이 선박을 움직이는 방법은 두 가지밖에 없었습니다. 돛을 올려 바람에 맡기거나 노를 저어 가는 것이었습니다. 더 효과적인 추진력을 지닌 장치를 찾던 레오나르도는 선박에 두 개의 외륜을 다는 방법을 발명합니다. 그의 아이디어는 항해에 혁신을 일으켰습니다!

외륜선

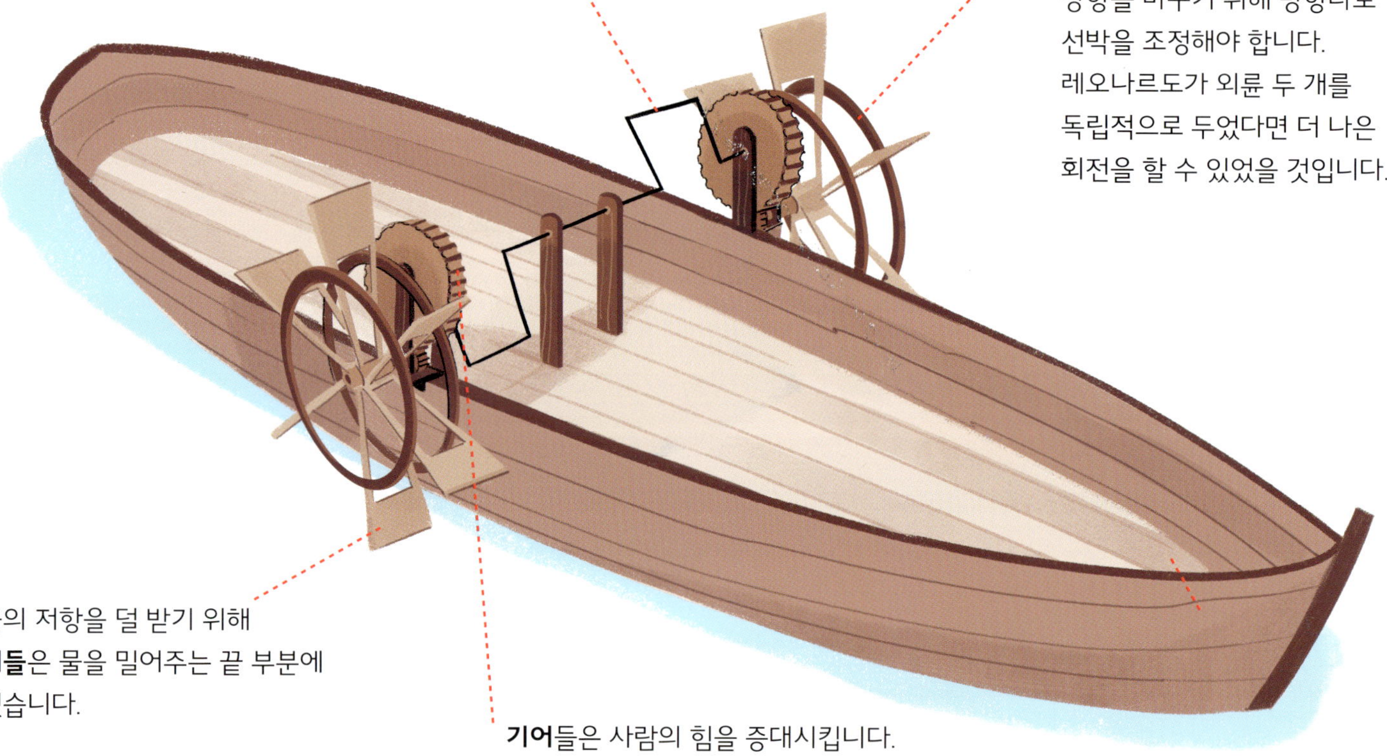

레오나르도가 생각하는 동력은 사람이 **크랭크**를 돌리는 것입니다!

외륜은 **하나의 축에 연결**되어 같이 돌아갑니다. 그래서 방향을 바꾸기 위해 방향타로 선박을 조정해야 합니다. 레오나르도가 외륜 두 개를 독립적으로 두었다면 더 나은 회전을 할 수 있었을 것입니다.

물의 저항을 덜 받기 위해 **패들**은 물을 밀어주는 끝 부분에 있습니다.

기어들은 사람의 힘을 증대시킵니다. 크랭크를 단 한 번 돌리는 것은 외륜들을 여러 번 돌리는 것과 같은 효과를 줍니다.

페달 보트

크랭크를 이용한 배는 아직도 유행에 뒤처지지 않았으며 오늘날에도 해변이나 강에서도 볼 수 있어요. 전통적인 페달 보트는 이중 크랭크에 의해 손으로 작동되어 움직였으나, 요즘엔 수고를 줄이기 위해 크랭크를 보통 발로 움직입니다. 오리배처럼!

레오나르도의 외륜선 이후 증기 엔진이 발명되었고 휠을 장착한 배는 역사상 최초의 현대적 선박이 되었습니다. 패들 바퀴는 바다를 항해하거나 미시시피 강 같은 큰 강을 거슬러 가야 하는 선박들에 설치되었습니다.

패들 바퀴는 후방에 설치되거나 선체의 양쪽에 있을 수 있어요. 레오나르도가 고안한 선체 양쪽에 설치하는 것이 훨씬 더 효과적입니다.

증기 기관은 패들 바퀴와 연결 된 축을 돌게 합니다. 이 회전 운동은 패들 바퀴를 회전하게 하는 데는 완벽합니다. 그래서 1800년대에 레오나르도의 방식이 다시 유행하게 되었어요.

사고를 막기 위해서 그리고 승객들에게 물이 튀지 않도록 바퀴는 보통 **덮개**로 씌워져 있어요!

증기선

전력을 다하는 프로펠러

시간이 지남에 따라 레오나르도의 패들은 프로펠러로 교체되었어요. 프로펠러는 회전축과 직각을 이루며 물을 더 잘 밀어내는 특이한 모양으로 만들어졌어요. 패들 바퀴와는 다르게 프로펠러는 완전히 물속에 잠기는데, 배가 지나가면 그 뒤로 이어지는 하얀 물결을 본 적이 있을 겁니다. 그것은 프로펠러가 아주 빠르게 움직이면서 공간을 채우지 못하고 거품이 되어 수면으로 올라오는 현상 때문입니다. 이러한 현상은 멀리서도 보이지만 소음도 엄청나요. 그래서 잠수함의 프로펠러는 최대한 소음을 없애도록 설계되었어요.

잠수복 개발 외에도 레오나르도는 수중에서 살아남을 수 있는 다른 방법들을 모색했습니다.
예를 들어 수월하게 잠수하는 장치를 고안했는데 이는 오랫동안 잠수할 수 있도록
공기가 채워진 돔 형태로 만든 것이었습니다.

배가 뒤집히면 선체 내부에는 에어포켓이라는 공기 공간이 생깁니다. 레오나르도는 같은 원리를 이용해서 **물에 뜨는 돔**을 만들어서 잠수부가 숨을 고르는 공간으로 사용할 수 있도록 했어요.

밸브 시스템 덕분에 **두 개의 튜브** 중 하나는 산소를 들여오고 다른 하나는 내쉬는 숨을 내보낼 수 있습니다.

갈퀴 장갑은 더 빠르게 수영할 수 있도록 해줍니다.

물위에 뜨는 작은 돔

부력에 관한 실험

준비물:
- 빈 플라스틱병
- 자갈(또는 동전) 약간
- 세면대 (더 좋은 것은 욕조)
- 물

물속에 잠겨있는 모든 물체는 세 가지의 부력 양상을 보입니다. 양성이면 물체는 수면으로 떠오르려고 합니다. 음성이면 물체는 가라앉는 양상을 보입니다. 중립이면 가라앉지도 떠오르지도 않으며 완벽하게 중심을 잡고 있습니다. 중립적 부력을 얻는 것은 깊은 곳에 머물며 항해하는 잠수함에 필수적입니다. 이는 잠수부에게도 마찬가지로 적용됩니다. 중립적 부력이 없으면 뜨지 않기 위해, 혹은 가라앉지 않기 위해 계속해서 힘들게 수영을 해야겠지요. 부력을 조정하려면 물체의 부피 대비 무게에 변화를 주어야 합니다.

오늘날 잠수부들은 물속에서 숨을 쉬고 움직일 수 있는 기술과 장비를 보유하고 있습니다.
그들은 40m 이하의 깊이로 내려갑니다. 그래서 더욱 민첩하게 해저 환경에 적응합니다!

잠수부와 산소통

잠수부는 **압축된 공기가 가득 찬 산소통** 덕에 호흡합니다. 땅에서는 매우 무겁지만 수중에선 전혀 신경 쓰이지 않아요.

스쿠버 **부력 조절기(BCD)**는 공기를 많거나 적게 채울 수 있으며 잠수부가 부력을 조절해서 물속에서의 자리를 정할 수 있도록 합니다.

슈트는 자잘한 공기가 들어있는 소재인 합성고무로 만들어졌어요. 공기가 단열재 역할을 하여 차가운 물에서 신체를 보호합니다.

레오나르도의 갈퀴 장갑은 손에 사용하였는데 일반적인 잠수부는 빨리 수영하기 위해 **오리발**을 신는 것을 선호 합니다!

부력조절기(BCD)와 잠수복은 구명조끼의 역할을 하며 잠수부가 떠오를 수 있도록 돕습니다. 그러므로 바닥에서 일하기 위해서는 **납으로 된 벨트**를 사용해야 합니다.

어떻게 하는지 보겠습니다. 세면대나 욕조에 물을 채우고 그 위에 플라스틱병을 띄우면 뜨게 되지요. 이는 양성 부력입니다. 그럼 이제 뚜껑을 열어 자갈과 약간의 물로 병을 채웁니다. 여전히 떠 있으면 자갈과 물(밸러스트)의 양을 늘립니다. 혹시 바닥으로 가라앉으면 내용물을 조금 비워봅니다. 중립 부력을 찾기 위해 이를 반복적으로 수행합니다. 쉽지 않죠? 실제로 잠수부들은 부력조절기(BCD)를 사용하여 부력을 조절하기 위해 훈련을 합니다.

레오나르도가 베네치아에 도착했을 때 그곳은 오스만 제국의 투르크인들과 전쟁 중이었습니다. 레오나르도는 베네치아의 전함을 관찰하면서 가장 혁신적인 군사 프로젝트의 하나인 잠수함을 고안해냈습니다. 전설에 의하면 레오나르도는 자신의 발명품의 파괴적 잠재성을 즉시 깨닫고 놀라서 공개하지 않기로 했습니다. "이것을 바닷속 깊은 곳에서 살인을 저지르는 데에 사용할 인간의 나쁜 본성" 때문에 자신의 노트에서도 잠수함의 자세한 사용법을 묘사하길 꺼렸습니다.

공기가 채워진 주머니는 물에 뜨기 위해 사용되며 부력 유지를 위해 밸러스트(균형을 잡기 위해 바닥에 놓는 물건)로 균형을 잡습니다. 또한 비상용 공기주머니 기능을 하기도 합니다.

개방된 구조는 방수 문제를 피하고자 열려있으며 탑승은 주로 잠수부들이 합니다.

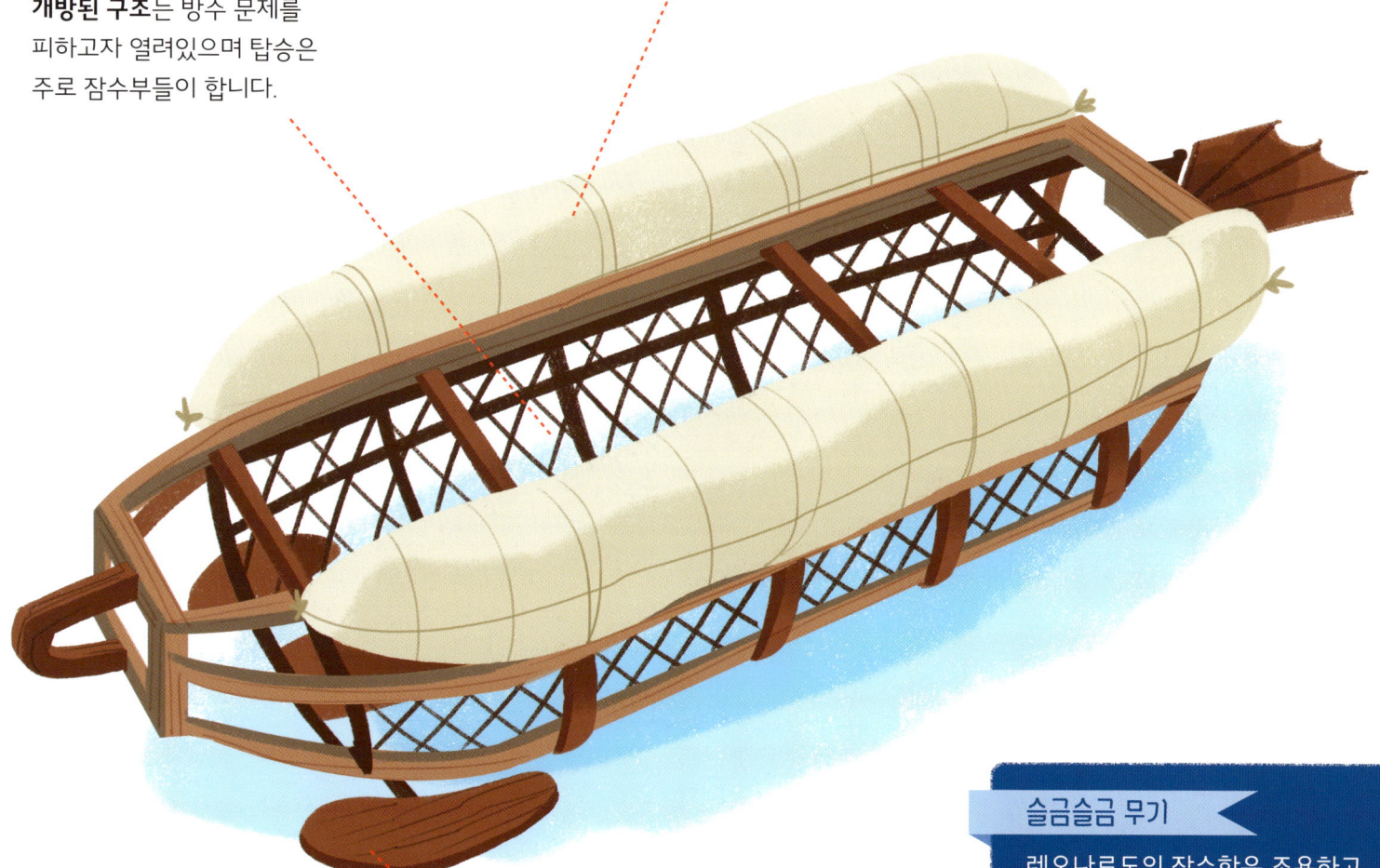

잠수함은 일반적인 범선에 달려 항해를 한 다음에 떨어져 나와서 몰래 적에게 다가갑니다. **페달로 작동하는 지느러미**들 덕분에 가능한 일이죠.

잠수함

슬금슬금 무기

레오나르도의 잠수함은 조용하고 치명적인 공격을 위한 무기로 탄생했어요. 일단 배에서 분리되면 깊은 곳에서 항해하여 적의 배로 접근합니다. 이때 잠수부들은 배에 커다란 구멍을 뚫는 나사 장치 하나로 상대 함선을 침몰시킬 수 있습니다.

오늘날에도 잠수함은 군사적 수단으로 활용됩니다.
보이지 않게 조용히 적에게 접근해서 예상치 못한 공격을 시작합니다.
다행히 과학적 연구를 목적으로 사용되는 잠수함도 있어서 인류가 심해의 신비를 탐험할 수 있습니다!

잠수함

잠수함의 눈은 광학 장비인 **잠망경**입니다. 이 장비는 바다의 표면까지 올라가 볼 수 있습니다.

그러나 잠수함이 실제로 방향을 잡을 수 있도록 하는 것은 **수중 음파 탐지기**입니다. 음파 탐지기는 모든 소리를 감지하고 해석하는 일종의 귀입니다.

일부 잠수함에는 몇 달 동안 물속에서 지낼 수 있는 **핵 엔진**이 있습니다.

캐비테이션 (추진기 뒤에 생기는 진공 현상)을 방지하는 특수한 프로펠러 덕분에 매우 조용하게 항해할 수 있습니다.

잠수함의 주요 무기는 **어뢰**입니다.

해저 유인 어뢰

레오나르도에 의해 제시된 이러한 전투 방식은 2차 세계대전 당시에 실제로 사용되었습니다. 이탈리아 해군은 항구에 정박한 배에 접근하여 침몰시키기 위해 잠수부들이 작은 잠수함에 올라타는 방법을 취했습니다. 이런 기기를 저속 어뢰라고 합니다. 그러나 모두 "유인 어뢰"라고 불렀지요!

6장

하늘을 나는 레오나르도

비행은 언제나 인류의 위대한 꿈 중 하나였어요.
인간은 이카로스의 신화에 나오는 것처럼 날개를 펼치고 하늘을 날아다니는 환상을 가지고 있었어요.
하지만 이 꿈은 실현되기 어려울 만큼 환상적인 이야기입니다.
그러나 레오나르도가 비행에 도전했을 때 그는 결코 포기할 사람이 아니었어요!
그의 삶 대부분은 비행에 관한 여러 문제를 연구하고 이륙할 수 있는 기계를 발명했어요.

새들처럼

레오나르도는 훌륭한 자연 관찰자였고 비행 문제에 대한 해결책을 찾기 위해 날아다니는 물체 즉, 새들을 연구하려고 생각했어요. '새의 비행 코드' 메모에서 레오나르도는 새들의 날개 모양과 움직임을 분석하고, 그것을 통해 비행하는 기계를 상상하기 시작했어요. 레오나르도의 천재성은 비행이 마법이나 새들만이 갖춘 능력이 아니라 단지 기계적인 문제라는 것을 처음으로 이해했다는 것입니다. 올바른 도구와 약간의 계산으로 그것이 재현되도록 시도했어요.

정말 그가 날 수 있었는지는 아무도 몰랐어요. 하지만 만약 당신이 피렌체 근처 체세리 산에 간다면 당신은 레오나르도의 첫 비행을 기념하는 돌을 발견할 수 있을 것입니다.

전해오는 이야기에 따르면, 최초의 비행기 조종사는 그의 가장 친한 친구인 조로아스터였어요. 그는 매우 짧은 시간을 날 수 있었고 그 이후에 넘어져서 다리를 다쳤다고 합니다. 그것이 인류 역사상 최초의 비행기 사고였을 거예요.

어떻게 비행기가 날까요?

준비물:
- 긴 골판지 튜브 1개
  (랩이나 주방용 알루미늄 포일)
- 두꺼운 종이 1장
- 색깔 있는 털실 2m
- 풀
- 끈
- 접착제
- 가위
- 헤어드라이어

비행기는 어떻게 날 수 있을까요? 그건 비행기의 날개 모양 때문입니다. 날개 아랫면은 직선이지만 윗면은 곡선으로 만들어져있어요. 이런 형태는 비행기가 고속으로 비행할 때, 날개 위를 통과하는 공기는 더 빠르게 흘러가 압력이 낮아지게 되고, 날개 아래로 지나가는 느린 공기는 높은 압력을 유지하게 됩니다. 이렇게 하늘을 날고 있는 날개는 밑에서 올리는 힘이 위에서 누르는 힘보다 커서 위로 올라갑니다. 이것을 양력이라 부릅니다.

자! 이제 실험으로 넘어 가보아요. 먼저 날개를 만들어야 하는데, 골판지 튜브를 가져와 두꺼운 종이 2/3지점에 붙입니다. 그런 다음 종이 두 끝을 접고 서로 붙입니다. 이제 한쪽을 평평하게 하고 날개 모양인 "날개선"을 만들기 위해 손으로 튜브를 테이블이나 다른 물체로 약간 눌러야 합니다. 이제 털실을 10cm 길이의 조각으로 자르고, 서로 2cm 떨어진 곳에 고정한 다음, 접착테이프로 날개 상단에 붙입니다. (더 구부러진 쪽으로) 이 털실들은 공기가 어떻게 움직이는 지 볼 수 있게 해줍니다. 이제 거의 다 했습니다. 헤어드라이어를 켜고 날개를 향하게 합니다. 거의 수평으로 유지하면 털실들이 날개 표면에 붙어서 유지됩니다. 이제 날개를 접으세요. 어느 정도 기울이면 털실들이 떨어지면서 무작위로 움직이기 시작합니다. 비행기에서 이런 일이 일어날 때, 비행기는 하강합니다!

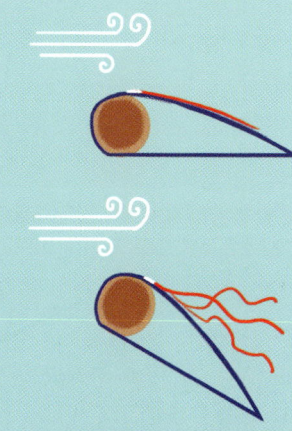

레오나르도는 하늘을 나는 기계도 만들었습니다. 이것은 오늘날의 비행기와 매우 비슷하여 의심할 여지 없이 현대적이고 완벽해 보였습니다. 그러나 안타깝게도 그의 비행기는 매우 무거워서 실제로 날 수 없었습니다.

하늘을 나는 배

레오나르도는 **새의 꼬리**가 하늘을 나는 데 도움을 주는 것을 알아냈고, 그래서 그것을 모방했습니다.

레오나르도의 비행기는 새처럼 날개를 퍼덕거리며 비행하는 **날갯짓 비행기**입니다.

동체는 **배** 모양입니다. 그것은 좋은 생각이었고 초기의 비행기들은 그 아이디어를 사용했습니다.

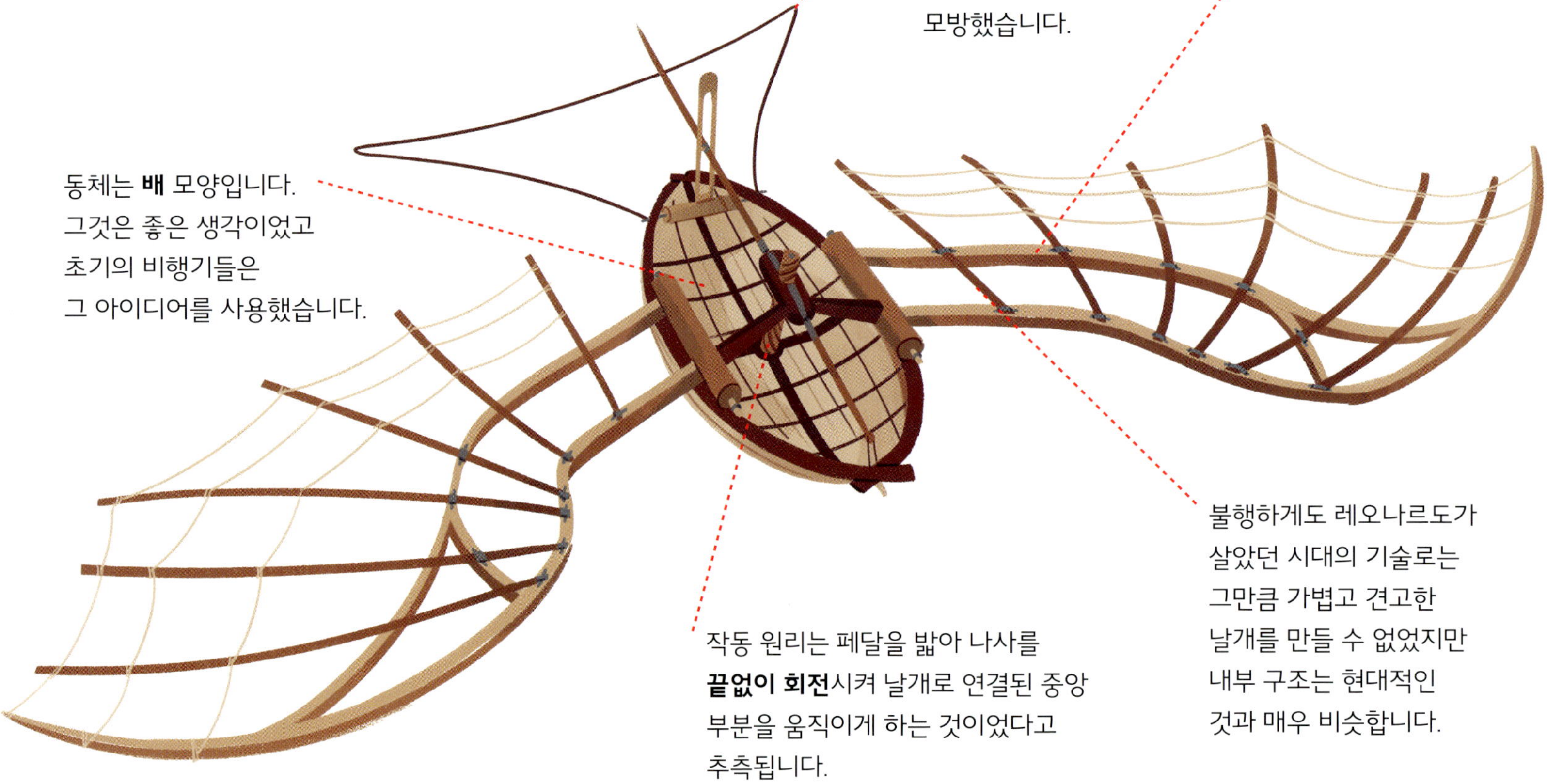

작동 원리는 페달을 밟아 나사를 **끝없이 회전**시켜 날개로 연결된 중앙 부분을 움직이게 하는 것이었다고 추측됩니다.

불행하게도 레오나르도가 살았던 시대의 기술로는 그만큼 가볍고 견고한 날개를 만들 수 없었지만 내부 구조는 현대적인 것과 매우 비슷합니다.

입는 비행기

레오나르도의 또 다른 날갯짓 비행기 프로젝트를 가지고 있었는데, 그것은 실제로 입을 수 있는 비행기였어요! 비행사는 등에 날개를 달고, 손잡이를 잡고, 발을 발판에 집어넣어야 했어요. 그리고 날갯짓을 하기 위해 개구리가 수영하는 것처럼 팔다리를 함께 움직여야 했어요. 하지만 너무 무거워 비행사의 힘으로 이 기구를 땅에서 들어 올릴 수 없을 거예요.

오늘날 비행기는 대중적인 교통수단입니다. 거대한 여객기로 몇 시간 안에 세계를 여행할 수 있습니다. 그리고 관광용 비행기, 곡예 하는 비행기, 군용기와 화물을 운송하는 큰 항공기도 있고, 우주까지 날 수 있는 우주선도 있습니다. 레오나르도가 이것을 본다면 뭐라고 할까요?

비행기

비행기가 날아오르려면 공기 속으로 재빠르게 움직여야 하고, 그러기 위해서는 강력한 **엔진**이 필요합니다.

비행기에는 조종사를 돕는 **컴퓨터**가 있어서 최대한 안전하게 날 수 있습니다. 그리고 지상의 관제탑에서는 상황을 주시하며 항공 교통 정리를 돕습니다.

기압조절장치로 조종사와 승객들은 높은 고도에서도 자연스럽게 숨 쉴 수 있습니다.

비행기의 **날개**는 움직이는 여러 조각으로 되어 있으며 이착륙 및 원하는 방향으로 운항하도록 움직입니다.

하늘을 나는 기계 위의 무모한 사람들

레오나르도가 체세리산에서 한 실험을 제외하고, 인류의 공식적인 첫 비행은 1782년 12월 14일 프랑스에서 몽골피에 형제가 군중들의 놀라움 속에서 뜨거운 공기를 채운 풍선에 매달려 하늘로 오른 것입니다. 동력 비행기의 첫 비행은 1903년 12월 17일 윌버와 오빌 라이트 형제들이 그들의 플라이어 1호를 이륙시킨 때로 거슬러 올라갑니다. 첫 비행에서는 12초 동안 36m를 갔습니다! 이후 비행기는 정말 대단한 발전을 했어요.

이것은 레오나르도의 가장 유명한 기계중 하나입니다. 나사 하나가 빙글빙글 돌면서 공기를 아래로 밀어 기구를 날게 합니다. 이것은 정말 대단한 아이디어였는데 레오나르도가 잘못 생각한 것이 아쉽습니다. 나사가 동체와 비교하면 너무 작고, 그 무게를 이길 강력한 엔진도 없어 이것 역시 날아오르지 못했습니다.

항공나사

레오나르도는 하부의 공기가 위로 새어나가지 않도록 위쪽은 좁고 아래쪽은 넓은 **나선형** 모양을 생각했습니다.

네 명의 비행사가 둥글게 서서 **손잡이**를 밀고 달려, 중앙의 나사를 작동시킵니다. 하지만 그들이 아무리 잘 달린다 해도 비행기가 날아오를 수 있는 속도를 내기는 힘들 것입니다.

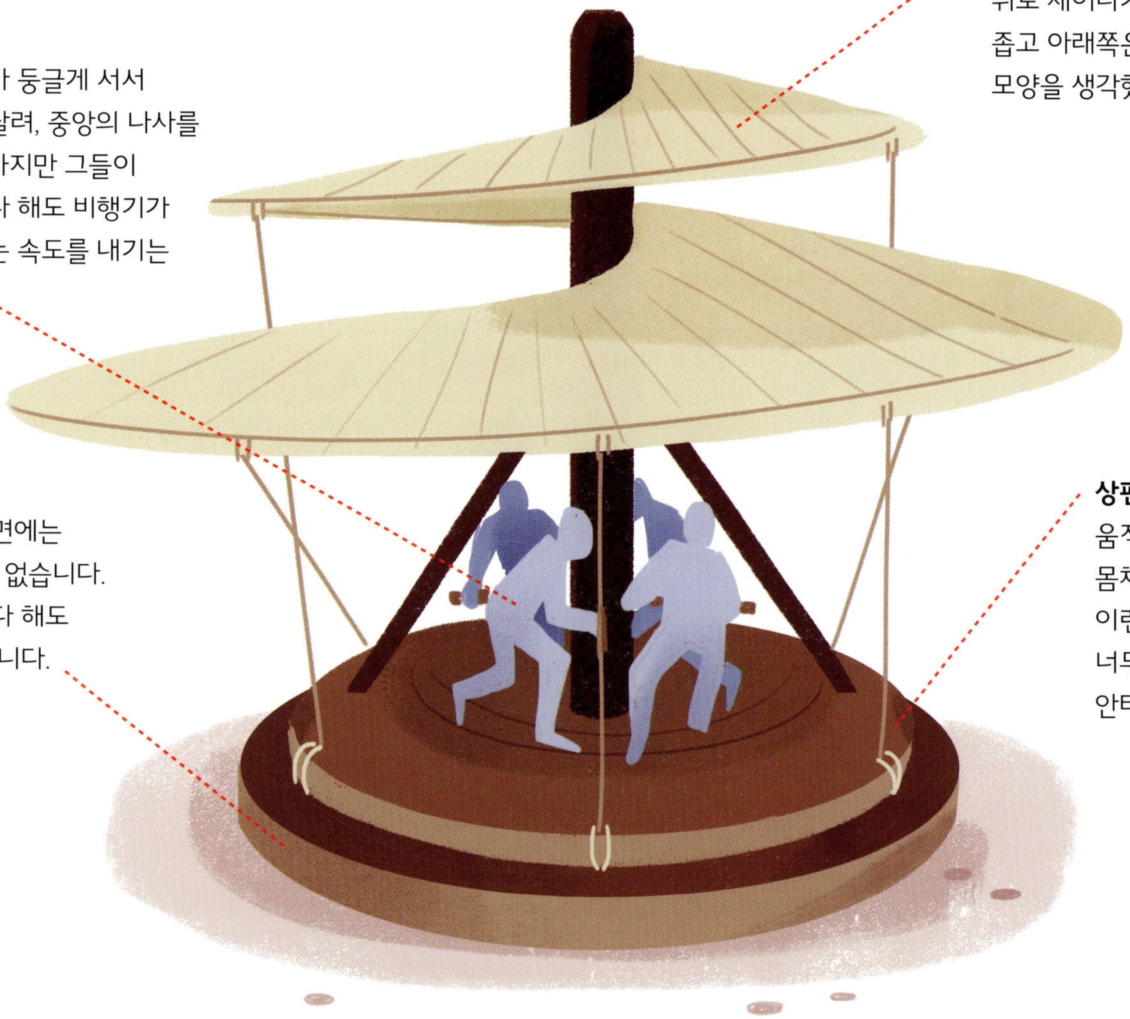

상판은 나사와 함께 움직이며 돌아가는 몸체 위에 설치되었습니다. 이런 구조는 날기에는 너무 무거워 보여 안타깝습니다.

레오나르도의 도면에는 어떤 조종 장치도 없습니다. 그래서 날아오른다 해도 어디로 갈지 모릅니다.

자연 헬리콥터 (단풍나무씨앗)

항공 나사의 아이디어는 레오나르도가 날개 모양의 씨앗을 보면서 생각해 냈을 가능성이 있어요. 씨앗이 가지에서 떨어질 때, 씨앗의 날개가 회전하여 더 오래 떠다닐 수 있어요. 그래서 씨는 멀리 퍼질 수 있답니다. 단풍나무 씨앗은 한 쌍으로 날아다니고, 이 대칭 모양은 공중에서 헬리콥터의 날개를 연상시키는 회전 운동을 합니다.

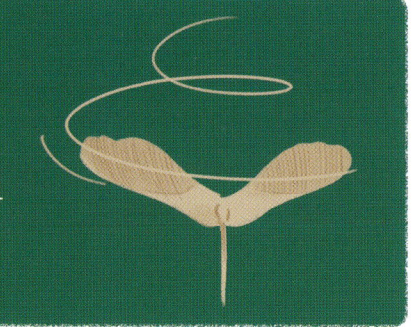

항공나사의 현대판은 의심할 여지 없이 헬리콥터입니다.
헬리콥터는 프로펠러가 돌면서 하늘로 날아오를 수 있게 합니다.
비슷한 크기의 비행기 보다 많은 첨단기술이 들어가며 그만큼 제작 비용도 많이 들어갑니다.

중앙에 있는 이 **정교한 회전날개**는 앞뒤, 위아래 방향으로 움직이게 하고, 회전도 하게 한다. 이 움직임 덕분에 헬리콥터는 모든 방향으로 조종할 수 있습니다.

중심 회전날개는 매우 강력해서 헬리콥터를 한 방향으로 계속 회전시킵니다. 그래서 뒤쪽의 **프로펠러**가 옆으로 돌면서 그 회전을 멈추게 합니다.

헬리콥터는 비교적 느린 (매우 특별한 경우를 제외하고는, 시속 300km를 넘을 수 없습니다) 항공기이지만 그 대신 **매우 민첩**합니다.

헬리콥터

헬리콥터가 나는 방법

이 장을 시작하면서 비행기가 어떻게 나는지 알아보았어요. 날개가 있는 비행기는 적정한 속도에 다다르면, 양력을 키우기 위해 날개를 위로 끌어 올려요. 그러나 날개가 없는 헬리콥터는 똑같은 원리로 작동하지만 큰 프로펠러를 매우 빠르게 회전시켜 하늘로 올라가요. 그래서 헬리콥터는 수직 이착륙이 가능하고, 하늘에서 완전히 멈추어(정지 비행) 떠 있을 수 있어요.

레오나르도가 기류를 이용해서 날 수 있는 여러 종류의 비행체를 개발한 이유는
엔진이 없으면 그가 발명한 기계들은 하늘을 날 수 없음을 깨달았기 때문입니다.

글라이더

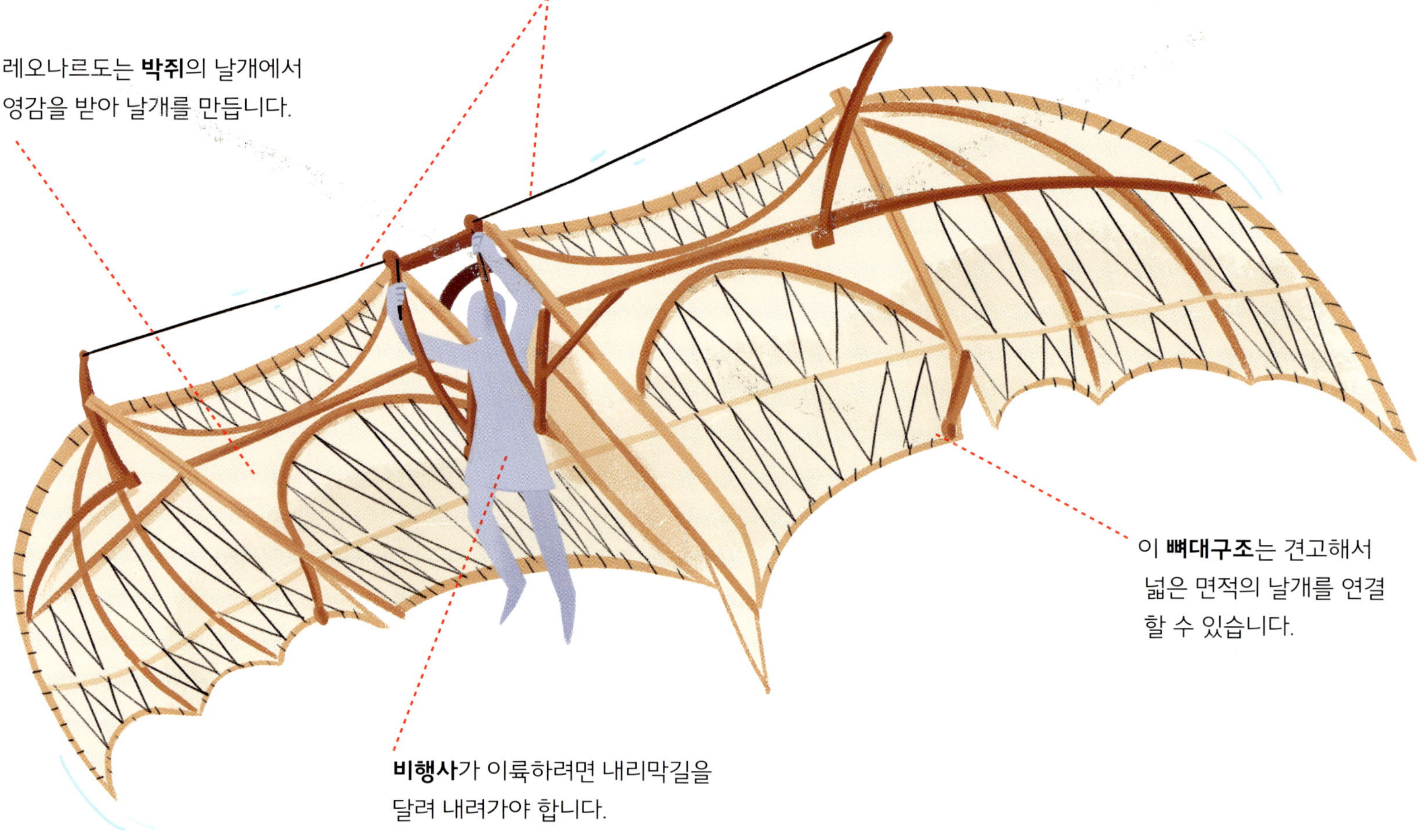

비행사는 몸의 무게를 옮기고 날개 끝을 접는 **조정 끈**들을 움직이면서 기구를 조정합니다.

레오나르도는 **박쥐**의 날개에서 영감을 받아 날개를 만듭니다.

이 **뼈대구조**는 견고해서 넓은 면적의 날개를 연결할 수 있습니다.

비행사가 이륙하려면 내리막길을 달려 내려가야 합니다.

진짜 하늘을 나는 기계

레오나르도는 여러 종류의 글라이더를 설계했으며 그중에 적어도 두 모델은 날 수 있었어요! 여기에 그려진 글라이더는 1800년대 말에 독일의 발명가인 오토 릴리엔탈이 만들어졌어요. 그리고 실제 비행하는 데 사용하였고 이는 라이트형제에게 영감을 주었어요. 또한 레오나르도는 연이나 현대적인 행글라이더에 더 가까운 모델을 발명했어요. 최근 영국의 기술팀이 레오나르도가 발명한 기술에 꼬리를 하나 더 다는 약간의 수정으로 만든 것이 하늘로 날아올랐어요. 체체리 산의 바위에 붙은 표지가 사실일 수도 있겠죠?

동력 없이 활공하는 비행기를 글라이더라고 합니다. 이것은 레오나르도의 발명품과 매우 유사한 모양을 갖추고 있고, 기술의 발달로 더욱 가볍고 견고한 소재를 사용하고 있으며 날개의 너비를 크게 하여 쉽게 날 수 있습니다.

행글라이더

일부 행글라이더는 실제 비행기와 같이 **휘어지는 날개**를 가지고 있습니다.

긴꼬리는 비행의 안정성을 향상합니다.

이륙이나 착륙 때에 조종사는 다리를 이용합니다. 레오나르도의 계획과 똑같이!

조종사는 바퀴 달린 **연결봉**을 잡고 몸의 무게로 행글라이더를 움직여 조종합니다.

새 같은 사람

오늘날 새와 같은 비행이 가능한 특별한 날개옷이 있어요. 용감한 사람들은 이 옷을 착용한 다음 비행기에서 뛰어내려 활공하는데 이 옷의 날개 때문에 먼 거리를 날면서 엄청난 속도를 낼 수 있어요. 그러나 착륙하려면 낙하산을 펼쳐야 해요!

차창 밖으로 손을 내밀어 본 적이 있나요? 이때 손에 느껴지는 힘을 공기 저항이라고 합니다.
레오나르도에는 낙하를 멈추기 위해 공기저항의 힘을 사용하려고 했습니다.
레오나르도는 이 계획을 디자인한 최초의 사람이었습니다. 그래서 낙하산이 발명됩니다!

낙하산

피라미드 형태는 매우 안정적이며 더욱 안전하게 하강하게 합니다.

레오나르도의 낙하산은 접을 수 없지만 **단단한 구조**로 되어 있습니다.

공기 저항을 높이기 위해, **천**에 풀칠하여 더 단단하게 만듭니다.

레오나르도는 낙하산 타는 사람이 팔의 힘으로 **손잡이**에 매달려 있다고 상상합니다.

구명 모자

역사상 처음으로 낙하산을 탄 사람은 중국 황제였던 것 같아요. 전설에 따르면 중국에서 장차 임금이 될 사람이 포로가 되어 불타는 궁전 지붕에서 뛰어 내려야 했습니다. 그는 대나무 모자를 낙하산으로 이용하여 도망칠 수 있었어요! 또 하나 낙하산의 첫 번째 그림은 르네상스 시대로 거슬러 올라가 원추 모양의 천을 가지고 뛰어내리는 사람입니다. 이 그림의 주인은 알려지지 않았지만 레오나르도의 발명보다 10년이나 앞서 있었어요. 그러나 발명품은 만들어지지 않았어요.
현재 낙하산은 비행기 및 기구의 안전장치로 또는 레저 및 군인들이 사용하는 장비로 쓰이고 있어요.

호기심 1차 세계 대전 중에는 조종사들이 전쟁 중 낙하산으로 탈출할 것을 방지하기 위해 낙하산을 갖고 비행할 수 없게 하였어요.

낙하산은 군인들이 야간에 적에게 들키지 않고 적진으로 내려오는 데 사용합니다. 그러나 요즘은 재미를 위해, 곡예를 하기 위해서 또는 공중에서 뛰어내리는 전율을 경험하기 위해 사용합니다!

낙하산

가장 현대적인 모델은 **날개 모양**을 가지고 있는데 조작하기 쉽고 착륙 지점에 더욱 잘 도달할 수 있게 합니다.

천은 합성 직물입니다. 장점은 낙하산을 **접을 수 있어서** 배낭에 보관할 수 있다는 것입니다.

이 **두 개의 손잡이**를 사용하여 날개를 당겨서 원하는 방향으로 비행할 수 있습니다.

보조 낙하산은 배낭에 있는 주낙하산을 쉽게 꺼내주는 역할을 합니다.

벨트는 체중을 분산시켜 힘들이지 않고 낙하산에 매달려 있게 해줍니다.

더욱더 높이!

낙하산 점프(낙하산을 펴지 않은 상태로 떨어지는 것을 "자유낙하"라고 합니다)에 대한 최고 높이 기록은 41,419m 입니다. 이 기록은 펠릭스 바움가르트너(Felix Baumgartner)가 달성한 38,969m의 기록을 뛰어넘은 앨런 유스터스(Alan Eustace)가 가지고 있는 기록입니다. 두 사람은 거의 우주라고 볼 수 있는 높이에서 초음속으로 낙하했어요. 바움가르트너의 비행은 촬영되어 YouTube에서 볼 수 있어요!

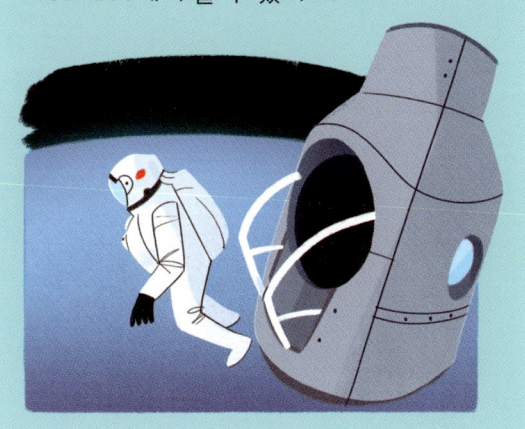

낙하산 만들기

준비물 :
- A4 용지 4장
- 가는 실 (적어도 2m)
- 접착 테이프
- 자 1개
- 연필 1개
- 가위

주의!

무게에 주의!
이 낙하산은 매우 작고 가벼운 승객을 위해 설계되었습니다. 더 무거운 물체를 낙하시키려면 더 큰 삼각형 종이로 낙하산을 만들어야 합니다. 주의: 이 낙하산은 동물이나 동생과 같은 생물체를 낙하시키기엔 적합하지 않습니다!

1. 종이 가로 면의 가장자리에 16cm의 수평선을 자를 대고 그립니다. 이 선이 받침 선이 됩니다. 그리고 절반(8cm)을 표시합니다.

2. 받침선의 중앙에서 시작하여 길이가 16cm인 수직선을 그립니다. 이것이 높이입니다.

난이도

3. 받침선과 높이의 세 끝을 연결하여 이등변 삼각형을 그립니다. 그리고 잘라 냅니다.

4. 다른 종이에 1~3 단계를 반복하여 4개의 같은 삼각형을 만듭니다.

상상력 펼치기!

낙하산을 그림으로 장식하고 여러 재료로 만들 수 있습니다. 삼각형의 비율에 따라 더 뾰족하거나 평평한 모양의 낙하산을 실험할 수도 있습니다. 어느 것이 가장 잘 작동하는지 보세요. 그러나 크기와 관계없이 삼각형은 항상 이등변이어야 하는데 즉, 두 개 사선의 길이가 서로 같아야 합니다.

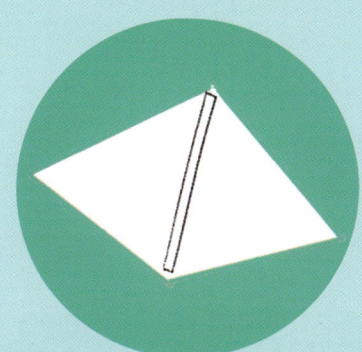 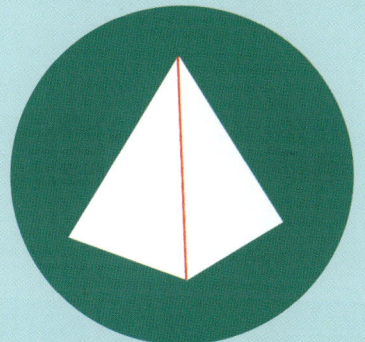  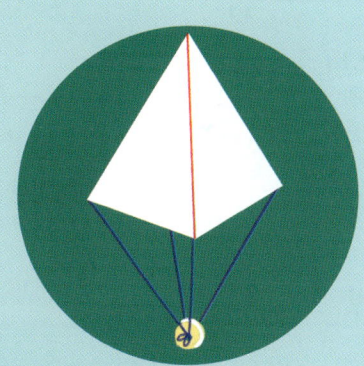

5. 테이블에 두 개의 사선이 닿도록 두 개의 삼각형을 놓고 점착 테이프로 붙입니다. 주의: 두 종이 사이를 공기가 통과하지 못하도록 해야 합니다!

6. 다른 삼각형도 같은 방법으로 만듭니다. 처음 세 번은 책상 위에 놓고 만들 수 있는데, 마지막 것은 종이를 들어 올려 피라미드와 같은 모양으로 만듭니다.

7. 이제 실을 약 50cm씩 4개로 자릅니다. 피라미드 모서리 안쪽에 실을 붙입니다. 참고: 접착테이프를 붙이기 전에 실의 한쪽 끝을 묶으세요.

8. 잘해냈습니다! 작은 인형이나 가벼운 낙하물체를 실의 네 끝에 묶습니다. 이제 높은 계단을 찾으면 시험할 준비가 다 되었습니다!

레오나르도와 인체

> 레스토랑 직원이 메인요리를 가져가고 디저트를 가져왔다.
> 작은 그릇에 휘핑크림이 가득 담겨있었다. 주방에서 뭔가 안 좋은 일이 있었는지 크림의 외관이 형편없었다.
> 마치 땅에 던져진 것처럼 모양이 흐트러져 있었다.
> 내 앞에 있는 여학생은 맛을 보고, 얼굴을 찌푸리며 말했다.
> "그럼 낙하산은 고대 중국의 황제가 발명한 것이지 레오나르도가 발명한 것도 아니잖아요."
> 파란 안경을 낀 내 친구는 한숨을 쉬었다.

미켈란젤로를 상대한 레오나르도

고대 화가들은 다른 화가의 그림을 모방하거나 상상하며 인간의 모습을 그렸어요. 그러나 르네상스 시대에 예술가들은 실제 모델을 사용하였고 더 나아가 해부학을 연구했어요. 좀 더 사실적으로 말하자면, 병원이나 심지어 공동묘지에 가서 신체를 관찰하고 근육과 뼈가 어떻게 만들어졌는지를 볼 수 있도록 허가를 요청했어요.

예를 들어, 유명한 미켈란젤로는 인간의 해부학을 공부했고 그의 작품에서 힘줄, 정맥, 근육을 그리는 것을 즐겼어요. 레오나르도는 미켈란젤로를 잘 알고 있었고 두 사람은 유명한 경쟁자였어요.

레오나르도는 종종 다른 예술가들을 비판했는데 그들이 근육을 너무 강조해서 그렸다고 생각했기 때문이에요. 그래서 레오나르도는 해부학을 열심히 공부했는데, 그의 목표는 매우 자연스럽고 현실적인 모습을 그리는 것이었어요.

"그건 인정할 수 없어요." 나는 대답했다.
"레오나르도는 그 시대에 살면서 많은 것을 기록하고 발명했으며, 모든 것이 그의 손을 거쳐서 개선되고 실용적으로 바뀌었어요. 그것을 하기 위해서는 위대하고 뛰어나야 해요."
나는 테이블에 앉아 있는 동료들을 보았는데, 많은 사람이 동의한다는 것을 알았다.
"또한 레오나르도는 공학에만 호기심이 많았던 게 아니었어요. 인체에 관한 연구를 한 최초의 근대학자 중 한 사람입니다."

해부학적 지도

예술가들이 그림을 그리기 위해 해부학을 연구했다면, 호기심이 많았던 레오나르도는 인간의 몸 자체를 연구했어요. 어떻게 작용하는지, 몸속 기관은 어떤 방법으로 만들어졌는지, 다른 방법으로 만들어질 수 없는지, 등등. 그는 먼저 뼈, 특히 두개골을 연구했어요. 그리고 내부 장기를 분석하기 시작했지요. 레오나르도는 직관적 판단을 하고 있었는데, 그는 모든 장기를 여러 가지 다른 관점에서 바라보기 시작했고, 각각의 이미지들을 화살표로 연결해 설명했어요. 이런 식으로 자신도 모르게 그는 해부학 지도를 만들었어요. 그것은 오늘날 의사들이 연구하는 데 사용하는 신체의 지도가 되었어요.

`호기심` 컴퓨터와 현대 사진 기술에도 불구하고, 세계에서 가장 훌륭한 해부학적 연구는 프랭크 H.네터의 것으로 남아있으며, 수백 개의 매우 상세한 수제 드로잉으로 구성되어 있습니다!

심장의 비밀

레오나르도의 해부학적 연구 중에서 가장 눈에 띄는 것은 심장에 관한 부분입니다. 레오나르도는 심장에 대해 열정을 가지고 어떻게 만들어졌는지 자세히 연구하기 시작했고, 살아있는 동물에 대한 거대한 실험을 실행했어요.
그는 순환계와 심장 판막을 아주 자세히 설명하는 데 성공했어요. 진정한 과학자로써 레오나르도는 현상을 관찰하고, 원인을 이해하려고 노력했고, 그러고 나서 그의 아이디어를 검증하는 실험을 했어요.
예를 들어, 그가 대동맥 판막이 어떻게 작동하는지 머릿속에서 분명해지면, 그는 심장이 어떻게 피를 펌프질하는지 보기 위해 작은 유리에 물을 채워 실험모델을 만들었어요.
이런 이유로 레오나르도는 오늘날 현대 심장학의 정신적인 아버지 중 한 명으로 여겨집니다.

7장

레오나르도의 생활도구

발명에 관하여 우리는 보통 비행기처럼 놀라운 일을 할 수 있는 기계를 생각합니다. 하지만 일상생활에 필요한 여러 단순한 물건들이 없다면 우리의 삶은 어떻게 될까요?

레오나르도는 비행기나 탱크의 발명으로 유명해졌어요. 하지만 그는 실제로 실생활에 필요한 많은 물건을 발명했어요.

볼펜은 여러분을 자동차처럼 놀랍게 하는 발명품은 아니지만, 볼펜이 없다면 아마 펜과 잉크, 얼룩을 닦을 수 있는 수건을 갖고 학교에 가야 할 겁니다.

르네상스 시대와 오늘날 사이의 가장 큰 차이점은 아마도 사람들의 일상생활과 생활에서 일을 처리하는 방법에 있을 것입니다.

옛날에는 씻기 위해서 가장 가까운 우물이나 강에서 물을 얻어야 했고, 식사 후 설거지를 하기 위해서 똑같이 우물이나 강으로 돌아가야만 했어요. 또한 밤에는 불빛이 없었기에 많은 활동이 중단되어야만 했지요. (저물녘 이후에 거리로 나가는 것은 매우 위험했어요)

오늘날 우리가 당연하게 여기는 몇몇 생산활동들은 그 당시에 모두 수작업으로 이루어졌고, 그래서 생산하는 과정들은 매우 힘들었어요.

만약 시골에서 당신이 새로운 스웨터를 원한다면, 당신은 양을 찾아 털을 자르고, 털을 관리하고, 털실을 돌려서 양모를 짜야 합니다.

그것은 매우 고된 작업입니다. 이러한 이유로, 그 시대 사람들은 거의 씻지 않았고 옷도 갈아입지 않았을 것입니다.

레오나르도의 친구들

레오나르도가 살던 시대에는 간단한 일조차도 힘들고 오랜 시간이 걸렸기 때문에 많은 사람이 필요했어요. 작업을 도와주는 예술가들에게 월급을 주고, 궁정 안에는 생활을 돕는 사람들이 있었고, 일부에게는 머무를 집과 매일 따뜻한 음식을 제공해주기도 했어요.

레오나르도의 협력자 중에 가장 유명한 두 사람이 있었어요. 첫 번째는 앞서 등장했던 조로아스터로 그는 그 유명한 비행기의 조종사이었어요. 레오나르도는 피렌체 메디치의 궁정에서 미술가로 생계를 살아가는 조로아스터를 만났는데, 그는 숙련된 장인이었고 레오나르도의 발명품 중 많은 것을 실현하게 했어요.

두 번째 협력자는 지안 자코모 카프로티입니다. 불우한 환경에서 자랐기에 그의 부모님은 카프로티를 레오나르도에게 입양해달라고 부탁했고, 레오나르도는 그를 돌보기로 했어요. 그리고 바로 후회했는데 어렸을 때 부터 말썽을 많이 부려서 카프로티에게 '살라이' 라는 별명을 지어주었어요. 살라이는 "악당"을 의미해요.

또한 그는 종종 레오나르도의 돈을 훔쳤는데, 분노에 찬 레오나르도는 메모에 "살라이가 돈을 훔친다." 라고 적었어요. 하지만 결국엔 그는 자라면서, 레오나르도의 오른팔이 되어 가장 신뢰할 수 있는 제자가 되었습니다!

망치 같은 기구를 사용한다 해도 기둥을 땅에 박는 것은 매우 힘든 작업입니다.
그래서 레오나르도는 단단한 땅에도 구멍을 낼 수 있는 드릴을 발명했습니다.
훗날 자신의 발명품이 오늘날 우리 식탁 위에 아주 작아진 크기로 존재하게 될 줄은 몰랐을 것입니다.

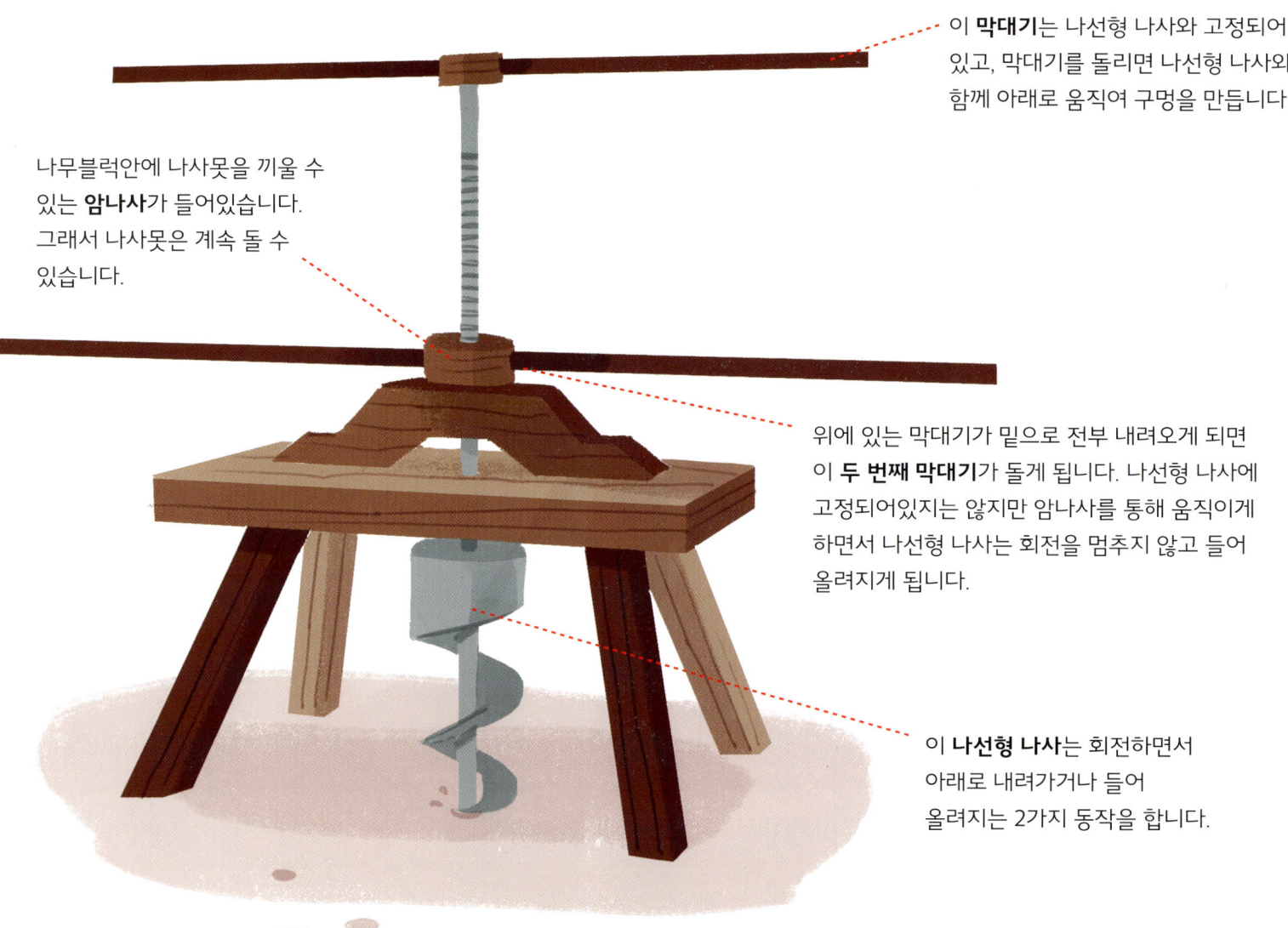

이 **막대기**는 나선형 나사와 고정되어 있고, 막대기를 돌리면 나선형 나사와 함께 아래로 움직여 구멍을 만듭니다.

나무블럭안에 나사못을 끼울 수 있는 **암나사**가 들어있습니다. 그래서 나사못은 계속 돌 수 있습니다.

위에 있는 막대기가 밑으로 전부 내려오게 되면 이 **두 번째 막대기**가 돌게 됩니다. 나선형 나사에 고정되어있지는 않지만 암나사를 통해 움직이게 하면서 나선형 나사는 회전을 멈추지 않고 들어 올려지게 됩니다.

이 **나선형 나사**는 회전하면서 아래로 내려가거나 들어 올려지는 2가지 동작을 합니다.

이중드릴

레오나르도의 병따개

오늘날 약 10가지 정도의 병따개 모델이 존재하는데 그중에는 아주 완벽하게 레오나르도의 설계와 똑같은 것이 있어요. 옆의 그림을 보면 위 손잡이 부분을 이용하여 뾰족한 끝 부분을 마개 안으로 넣은 후 중간에 있는 손잡이를 돌리면 병마개가 위로 올라와요.

여러분들은 와인을 여는 것을 본 적이 있을 거예요. 와인오프너는 집에서 쓰는 작은 크기와 휴대용도 있고, 음식점에서 사용하는 것처럼 아주 커서 벽에 걸어놓는 것도 있습니다.

와인오프너

모든 병마개가 코르크로 되어있지는 않습니다. 어떤 것은 동그란 왕관 모양의 마개로 덮여있기 때문에 거의 모든 와인오프너에는 **병따개**가 달려 있습니다.

코르크 마개에 뾰족한 부분이 들어갈 수 있도록 이 코르크 따개는 **나사형**으로 되어있습니다.

마개를 뽑아내기 위해 마개 속에 박혀 있는 갈고리를 끌어 올리는 "**두 팔**"이 있습니다.

달나라에서도

땅에 구멍을 내기 위해 와인오프너를 사용하는 것이 그렇게 황당한 것은 아닌 듯해요. 1969년과 1972년 사이에 아폴로호 우주비행사들이 들고 간 것은 아주 큰 와인오프너 같이 생긴 도구였어요. 이것으로 달에서 샘플을 채취하거나, 뭔가를 심기 위해 사용하였어요.

와인오프너의 품질을 결정하는 것은 바로, 끌어올리는 역할을 하는 돼지 꼬리 모양의 **갈고리**입니다. 이 갈고리가 조심스럽게 코르크 마개에 파고 들어가서, 코르크 조각들이 잘려 병 안으로 떨어지지 않도록 해줍니다.

모시, 털, 또는 면 등은 방적 단계를 거친 후에 실 뭉치 모양으로 모입니다. 어떻게 실이 한 조각의 천이 되게 하나요?
실을 짜야 합니다. 실과 실을 엉키게 해야 합니다. 그렇게 하려면 방직기를 사용해야 하는데,
여러분들은 한 번도 본적이 없겠지만 여러분들의 할머니 시대는 가정에서
사용했던 물건이었습니다. 천을 짜는 것은 길고 힘든 일입니다.
그래서 어느 날 레오나르도는 이 과정을 자동화할 수 있는 방법을 생각해냅니다.

기계 방직기

굵은 실패에 감겨 있는 날실(세로 방향의 실)이 분리되어 씨실(가로 방향의 실)과 엇갈리게 되어있습니다.

이 **실패**는 씨실과 함께 날실 사이를 앞뒤로 왔다 갔다 하면서 천을 짜게 되어있습니다.
이 움직임 전체가 자동으로 되어있는데, 얼마나 혁신적인지, 새로운 방직기가 발명될 때까지 300년의 시간이 걸렸습니다.

레오나르도의 방직기는 정말로 기계적입니다. 모든 기계가 작동되게 하려면 이 **손잡이**만 움직이면 됩니다.

천으로 짜이면 이 **코일**에 감기게 됩니다.

날실과 씨실

천으로 된 손수건을 보면, 그것도 아주 가까이서 보게 되면 그물과 같이 실로 아주 촘촘하게 한 올, 한 올이 일정한 간격을 두고 짜인 것을 보게 돼요.
실로 천을 짜고자 한다면 먼저 세로로 나열되어 준비된 날실이 필요해요.
날실에 다른 실들이 가로로 엮어지게 되는데 이것이 바로 씨실이에요.

만약 여러분 집에 방직기가 없다면, 그 이유는 간단합니다.
오늘날에는 공장에서 만든 옷을 상점에 가서 사기 때문이에요. 그래서 천도 마찬가지로
공장에서 날실과 씨실이 굉장히 빠른 속도로 엇갈리면서 자동으로 짜이게 됩니다.

섬유 산업용방직기

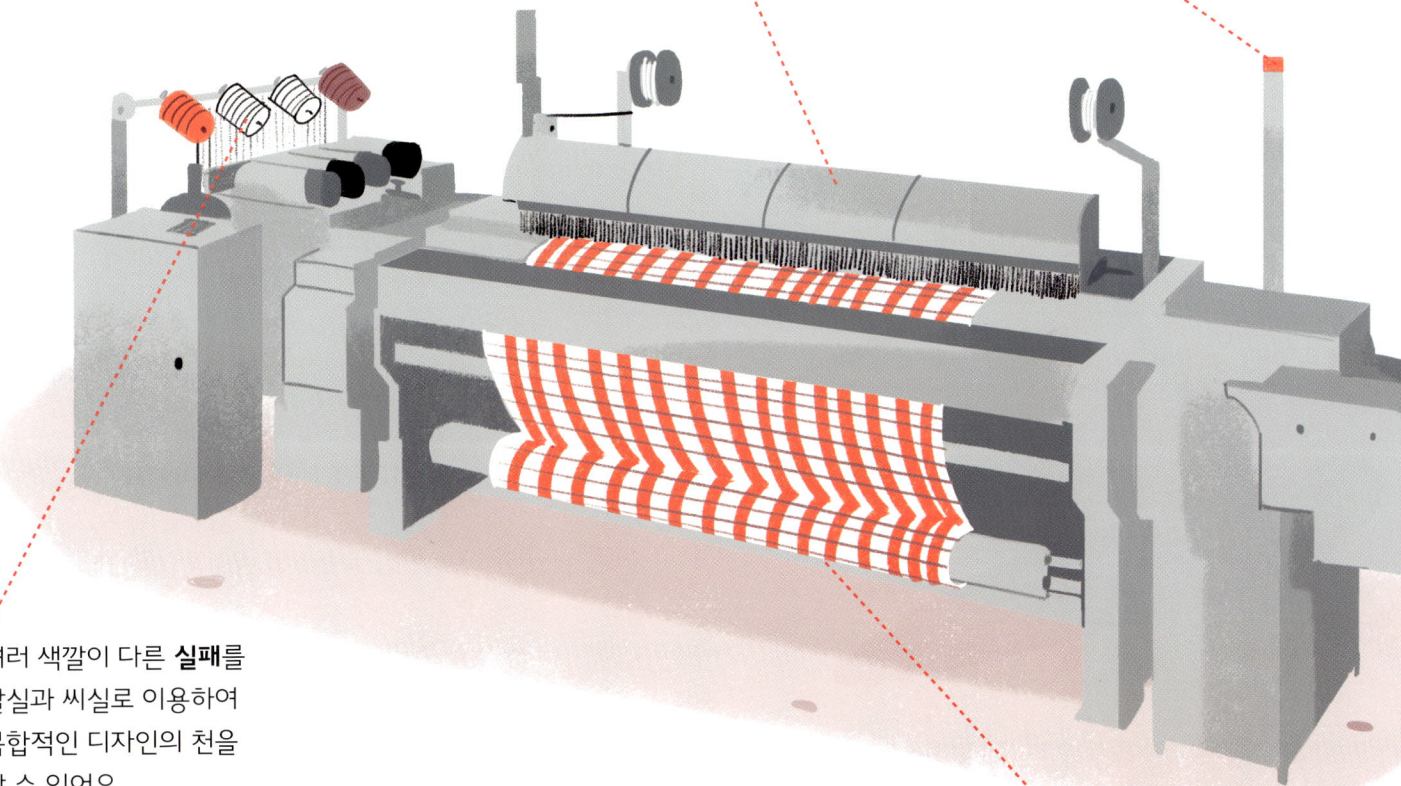

현대 방직기들은 실패 하나만 사용하지 않고 **집게**로 끌어당기거나 **공기**를 불어 실을 짜게 되어있습니다.

산업용 방직기에 사람이 항상 붙어있지 않아도 됩니다. 만약 무엇이 걸리면 **빨간불**이 켜진다거나 **사이렌**이 울리게 되어있습니다.

여러 색깔이 다른 **실패**를 날실과 씨실로 이용하여 복합적인 디자인의 천을 짤 수 있어요.

현대식 방직기는 아주 **빠릅니다**. 1분에 십여 센티미터 정도의 천을 짤 수 있습니다.

컴퓨터의 할아버지

1801년 조셉 마리 자카드라고 하는 프랑스사람이 프로그램화된 자동 방직기를 만들어 냈어요. 시스템 안에 구멍 난 종이를 여러 장 넣고 이를 통해 날실과 씨실이 입력된 프로그램에 따라 극도로 정교하고 다양한 천을 생산해 내게 되어있어요. 오늘날 자카르 방직기는 현대식 컴퓨터의 할아버지로 불립니다.

여러분은 당연히 요하네스 구텐베르크에 대해 들었을 것입니다. 1450년대의 이 독일 발명가는 최초의 이동식 인쇄기를 만들었습니다. 그의 발명으로 수 세기 동안 일일이 손으로 책을 베껴야 했던 수도자들을 은퇴시켰어요. 이 발명품 덕에 전에는 감히 상상하지 못할 정도의 속도로 책을 펴낼 수 있게 했지만 그래도 시간이 걸리는 것은 마찬가지였습니다. 180권의 성경책을 찍는데 심지어 3년이나 걸렸어요. 이 때문에 레오나르도가 더 빠른 인쇄 방법을 발명해 내게 되었습니다.

자동인쇄기

인쇄기는 이 **손잡이**만을 움직여 작동하고 나머지는 자동화되어있습니다. 이러한 방법으로 일은 더 빨라지고 일하는 사람도 줄일 수 있습니다.

나선형 나사못이 손잡이의 운동을 수직운동으로 만들어 **압력**을 가합니다.

이곳에는 **이동식 문자**들이 자리 배열되어 있습니다. 손잡이를 움직이면 글자판이 아래에 위치하게 되고, 밑으로 내려갑니다.

이 **두 개의 톱니바퀴**가 수레의 이동을 아주 빠르게 합니다. 반면에 압축은 더 느린 속도로 내려갑니다.

평형추는 끈을 긴장 상태로 유지하고 글자판이 되돌아오도록 작동하게 되는데, 이 추는 작업자를 향해 저절로 미끄러져 내려 오게 되어있습니다.

이동식 인쇄기

준비물:
- 스펀지
- 사진, 액자, 물감
- 붓, 종이
- 가위와 접착테이프

레오나르도 이후에 자동화시켰던 구텐베르크의 발명품은 어떻게 작동되었을까요? 구조는 아주 단순해요. 구텐베르크는 나무 책상 위에 표면이 위로 놓이게 하는 여러 글자(도장)를 제작했어요. 이 글자에 잉크를 칠해서 그 위에 종이를 놓고 압력을 주어 인쇄하게 되었어요. 여러분도 이 같은 실험을 할 수 있어요.

세기가 지나면서 인쇄사업은 놀라울 정도로 발전하였습니다. 오늘날에는 커다란 기계들이 몇 초 동안에 수십 장의 종이를 인쇄할 수 있습니다. 하지만 모든 사무실에, 그리고 많은 가정에, 어쩌면 여러분 집에도 프린터가 있을 것입니다. 그러면 가정에서 흔히 쓰고 있는 잉크로 된 프린터기가 어떻게 작동되는지 알아보아요.

프린터

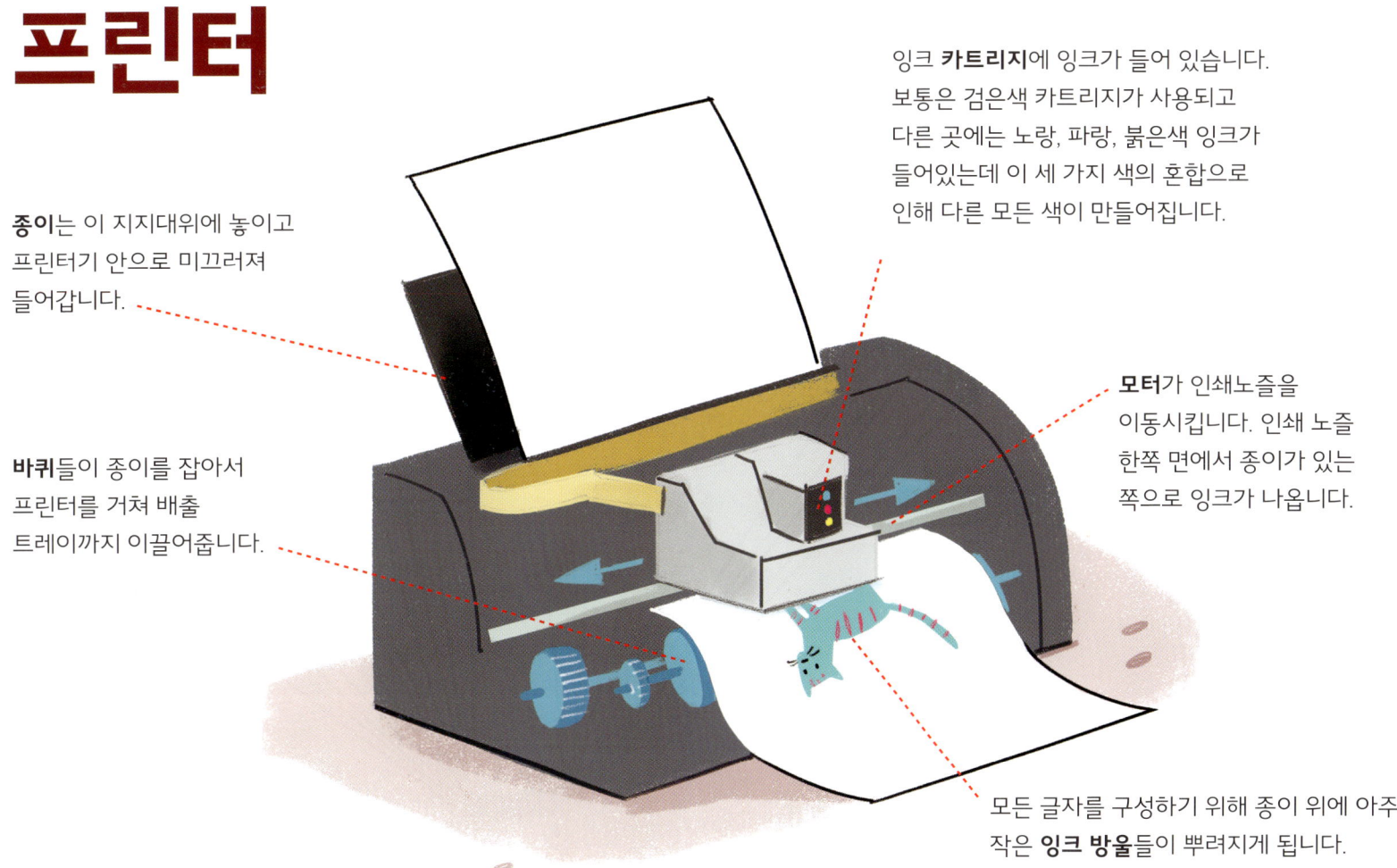

종이는 이 지지대위에 놓이고 프린터기 안으로 미끄러져 들어갑니다.

바퀴들이 종이를 잡아서 프린터를 거쳐 배출 트레이까지 이끌어줍니다.

잉크 **카트리지**에 잉크가 들어 있습니다. 보통은 검은색 카트리지가 사용되고 다른 곳에는 노랑, 파랑, 붉은색 잉크가 들어있는데 이 세 가지 색의 혼합으로 인해 다른 모든 색이 만들어집니다.

모터가 인쇄노즐을 이동시킵니다. 인쇄 노즐 한쪽 면에서 종이가 있는 쪽으로 잉크가 나옵니다.

모든 글자를 구성하기 위해 종이 위에 아주 작은 **잉크 방울**들이 뿌려지게 됩니다.

아주 간단해요. 여러 스펀지를 똑같이 네모로 자른 후 네모난 스펀지로 A, B, C… 같은 글자 모양을 잘라요. 시간이 있으면 모든 알파벳을 다 만들어 보아요. 이제 글자들을 액자 틀 또는 나무판 위에 붙여요. (접착테이프로 움직이지 않도록 고정한다)
한 단어 또는 한 문장이 되도록 구성해 보아요.
이제 충분한 양의 물감으로 스펀지를 색칠해요. 액자 틀 위에 준비한 종이를 올려놓고 손, 또는 알루미늄으로 싼 (더럽혀지지 않도록) 밀대를 사용하여 압력을 가해요. 종이를 떼고 결과물을 관찰하여요. 이런! 모두 거꾸로네요. 그렇지요? 바르게 인쇄하고자 한다면 우리가 17p에서 본 것처럼 글자를 마치 거울에 비추듯이, 또는 암호 해독하듯이 돌려서 시도해보아요.

불을 지핀다는 것은 살면서 가장 필요한 능력 중 하나이며, 고대 동굴 속에 살았던 인류가 문화를 시작할 수 있게 해주었습니다. 하지만 불을 만드는 과정은 수 세기 동안 길고 복잡한 작업을 거쳐왔습니다.
예를 들어 레오나르도 시대에는 강철 같은 것을 사용하였는데, 불꽃을 일으키기 위해 부싯돌을 쇠고리 같은 철에 문질렀습니다. 이걸 본 레오나르도는 불꽃을 항상 어디든지 갖고 다닐 수 있게 그 단계를 자동화하는 것을 발명했습니다.

자동부싯돌

중앙에 있는 바퀴가 돌며 **부싯돌**을 문지르게 됩니다.

이 **크랭크**가 밑에 있는 스프링을 당깁니다.

마찰로 인해 불꽃이 생기며 이 부분에서 나오게 됩니다.

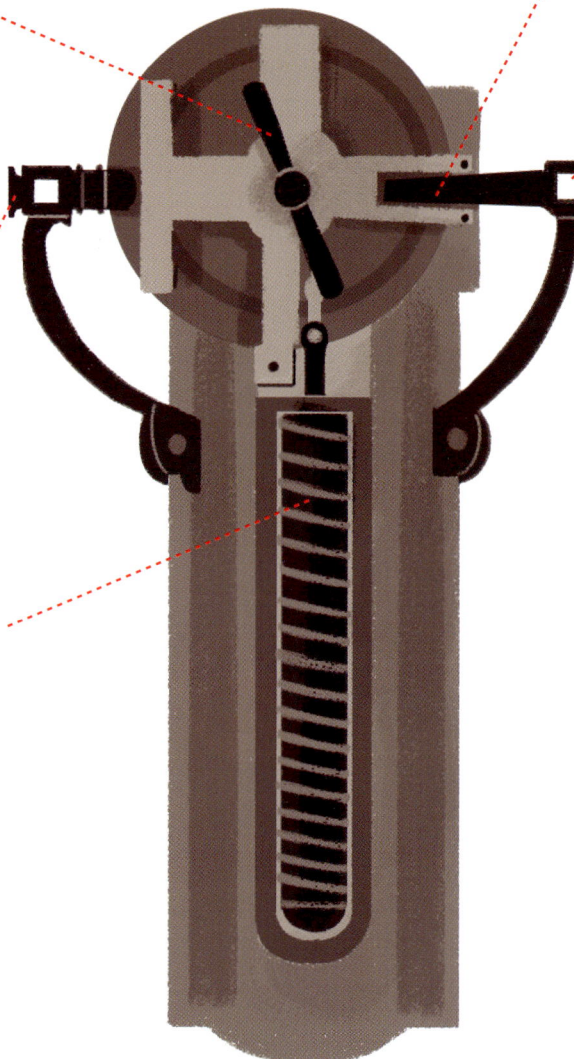

이 **방아쇠**를 누르면 스프링이 풀리며 제자리로 돌아갑니다.

스프링이 풀리면 중앙에 있는 **바퀴**가 신속하게 회전합니다.

도화선에 불을 붙이세요!

전쟁에서 불을 사용하는 것은 삶과 죽음의 문제가 될 수도 있어요. 처음 대포가 발명되었을 때 도화선에 불을 붙여 대포 안에 있는 화약을 터트리려 포탄을 날리는 방식이었어요 여기서 불을 붙이는 타이밍이 아주 중요한 데 자동 부싯돌은 도화선에 불을 붙이기 위한 작업에 필수적인 도구가 되었어요.

현재 우리에게도 쉽게 불을 켜는 것은 중요합니다. 예를 들어 주방에서 가스레인지를 사용한다면 말입니다. 자동부싯돌과 비교했을 때 라이터의 기능이 향상된 부분은 저장소라고 할 수 있습니다. 이제는 더는 부싯돌을 나뭇가지나 검불 더미 근처에 가져갈 필요가 없게 되었습니다. 불꽃이 손에서 갑자기 나타납니다!

라이터

엄지손가락으로 **바퀴**를 돌리면 작은 부싯돌이 마찰하여 불꽃을 일으킵니다. 레오나르도가 만든 자동부싯돌과 같습니다.

이 **버튼**을 누르면 부탄가스가 나옵니다.

이 **저장공간**에는 강한 압력을 가해 액체상태로 만들어진 부탄이 라이터 내부에 들어있습니다.

불!

어떤 라이터는 액체부탄으로 가득한 연료 저장소 대신, 석유 또는 나프타를 적신 솜과 비슷한 성질을 띤 심을 넣어 사용해요. 불꽃이 심지에 불을 붙이게 되면 그 불을 끌 수 있는 유일한 방법은 뚜껑 닫아 산소를 차단하는 것이에요.
성냥은 막대기 끝 부분에 칠해진 가연성 물질에 마찰을 가함으로써 불이 켜져요. 성냥이 라이터보다 단순하게 보이지만, 성냥이 라이터보다 더 늦게 발명되었어요.

계산하려면 집중력이 필요하고 틀리지 않도록 조심해야 합니다.

우리는 계산하는 것을 배우지만 계산기가 사람보다 빠르고 정확하다는 사실에는 의심의 여지가 없습니다.

누가 가장 먼저 산술연산에 필요한 기계를 만들었을까요?

맞습니다, 바로 레오나르도입니다!

계산기

이 기어들은 첫 핀이 둘째 핀 보다 열 배나 더 천천히 돌게 하고 둘째 핀은 셋째 핀보다 10배 더 천천히 돌게 합니다. 이것은 첫째 핀이 열 번 돌아가면 제자리로 돌아온다는 것을 뜻합니다. 그러는 동안 그 옆의 것은 열 번 돈 것에 대해 표시를 하기 시작합니다.

핀이 나무로 되어 있어서 레오나르도의 계산기는 오래 사용할 수 없습니다. 마모가 생겨 제대로 작동하지 못하기 때문입니다.

이 기계는 단지 **초안**일 뿐입니다. 레오나르도는 시스템 안에 어떤 방법으로 숫자를 입력하는지 설명하지 않고 있습니다.

파스칼 계산기

1652년에 수학 천재 파스칼은 덧셈 뺄셈 기능이 가능한 계산기를 발명했어요. 숫자를 입력할 수 있는 톱니바퀴가 있고, 결과를 볼 수 있는 다이얼이 있어요. 뚜껑을 들면 숫자가 기록되는 톱니바퀴를 볼 수 있는데 레오나르도의 것과 똑같은 방법입니다.

오늘날 계산기는 단순한 연산 이상의 것들을 할 수 있는 현대식 컴퓨터로 진화되었습니다. 집에 있는 PC 또는 스마트 폰에도 계산기의 기능이 들어있어요. 하지만 아직도 문구점에 가면 계산기를 살 수 있습니다. 그리고 기술자들은 복잡한 기능의 공학용 계산기를 사용합니다.

계산기

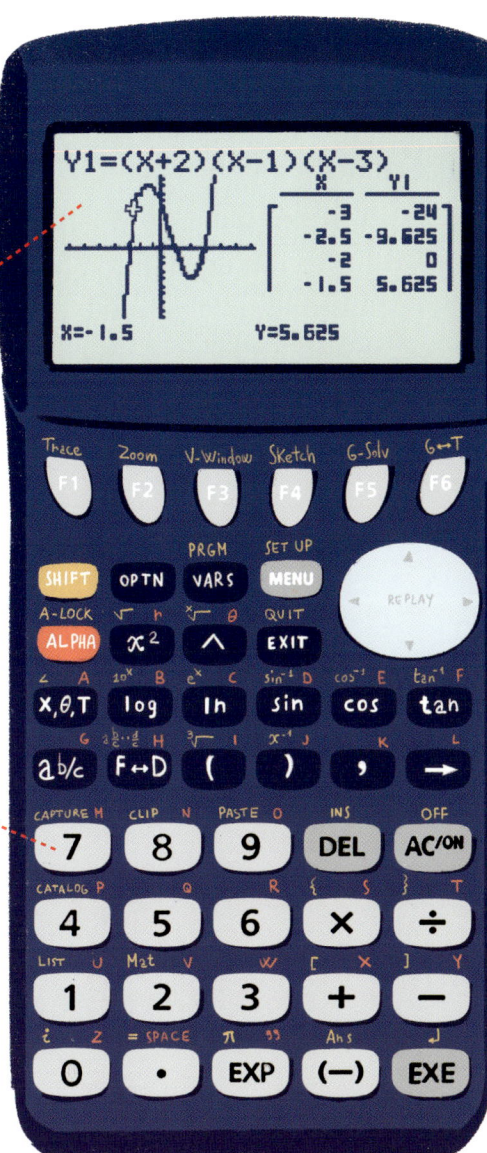

공학용 계산기는 함수를 이용한 매우 **복잡한 계산**도 할 수 있습니다.

숫자와 **네 가지의 연산기능**은 모든 계산기에 있는 기본적인 기능입니다.

게임을 위한 계산

우리가 잘 인식하고 있지 않지만 컴퓨터소프트웨어는 아주 큰 계산의 집합체입니다. 예를 들어 비디오 게임의 경우 여러분들의 게임에 등장하는 인물과 그를 둘러싼 주변 환경을 움직이기 위해 컴퓨터는 지속해서 매우 복잡한 계산을 하고 있어요.

대형 컴퓨터

우리가 사용하는 스마트 폰 안에도 고성능의 컴퓨터가 들어 있지만, 몇십 년 전까지만 해도 컴퓨터는 엄청난 크기였어요. 처음 만들어진 컴퓨터는 너무 커서 '폭탄'이라 불렸는데 크기는 집에 있는 옷장만 한 크기였어요. 수학자 앨런 튜링의 발명품인데 제2차 세계대전 때 적의 암호해독을 위해 사용되었지요.

여러 세기 동안 부채는 가장 단순한 방법으로 여름을 시원하게 해주었습니다.
그러나 오래 부채질하는 것은 힘이 듭니다. 과거의 왕들은 아주 커다란 부채를 움직여 바람을 일으키는
전담 시종들을 두었지만 다른 사람들은 레오나르도가 발명한 평행 추 팬을 사용하였습니다.

평행 추 팬

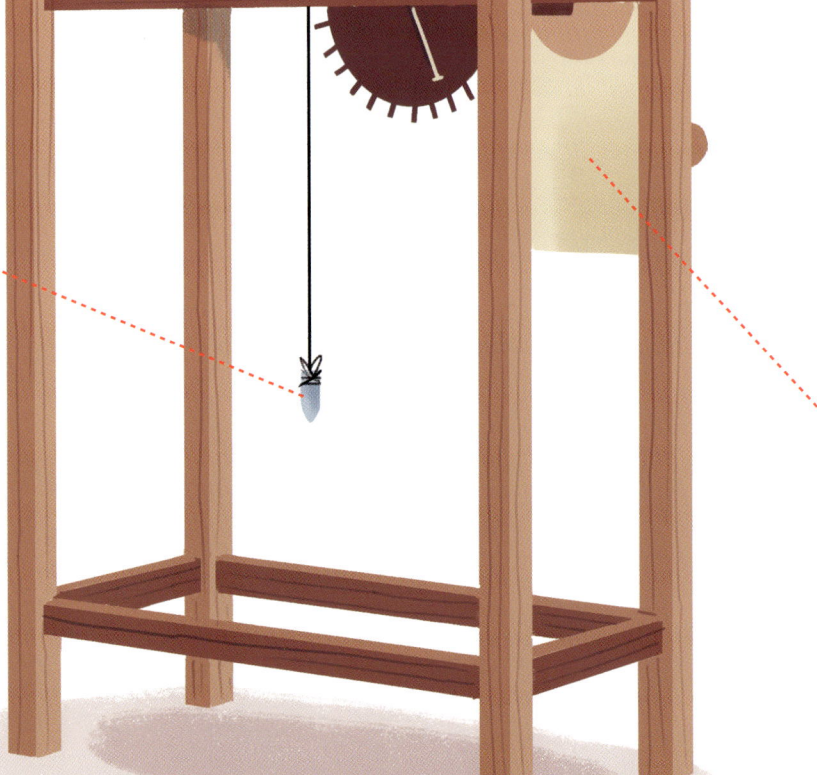

큰 바퀴가 작은 바퀴와 연결되어 있는데 작은 바퀴가 더 빠르게 돌아 날개를 작동시킵니다.

큰 바퀴는 무게추가 처지는 속도를 줄입니다.

크랭크가 **무게추**를 올렸다가 천천히 내려오게 하면서 팬을 작동시킵니다.

판이 평행으로 연결된 두 개의 막대에 고정되어 있으며, 앞뒤로 부채질합니다. 레오나르도의 계산에 따르면, 6시간 동안 16,000번 부채질을 할 수 있습니다.

정말 시원하다고?

여러분들은 이렇게 말하는 것을 들었을 거예요. "선풍기는 사실, 공기를 시원하게 하는 것이 아니고 단지 공기를 움직이게 할 뿐"이라고. 그렇다면 왜 우리는 실제로 시원하게 느끼는 걸까요?
더위는 체온을 올리고 몸은 체온을 조절하기 위해 땀을 분비하게 되요. 선풍기로 바람을 쐬면 몸에 분비된 땀을 공기 중으로 증발시켜 열을 빼앗아 가기 때문에 시원하게 느껴지는 거예요. 이렇게 해서 우리는 상쾌함을 느낍니다.

⚙ 기억해 두세요.
선풍기는 공기를 시원하게 하지 않기 때문에 아무도 없는 방에 켜두는 것은 에너지 소비일뿐이라는 것을!

에어컨은 모터와 차게 만드는 가스로 인해 실내 공기가 시원해집니다. (대신 외부 환경을 덥게 만든다)
그러나 선풍기가 오래도록 사라지지 않은 이유는 더 경제적이고 또 쉽게 이동할 수 있기 때문입니다.
선풍기와 에어컨을 함께 가동하면 더 효율적입니다.

선풍기

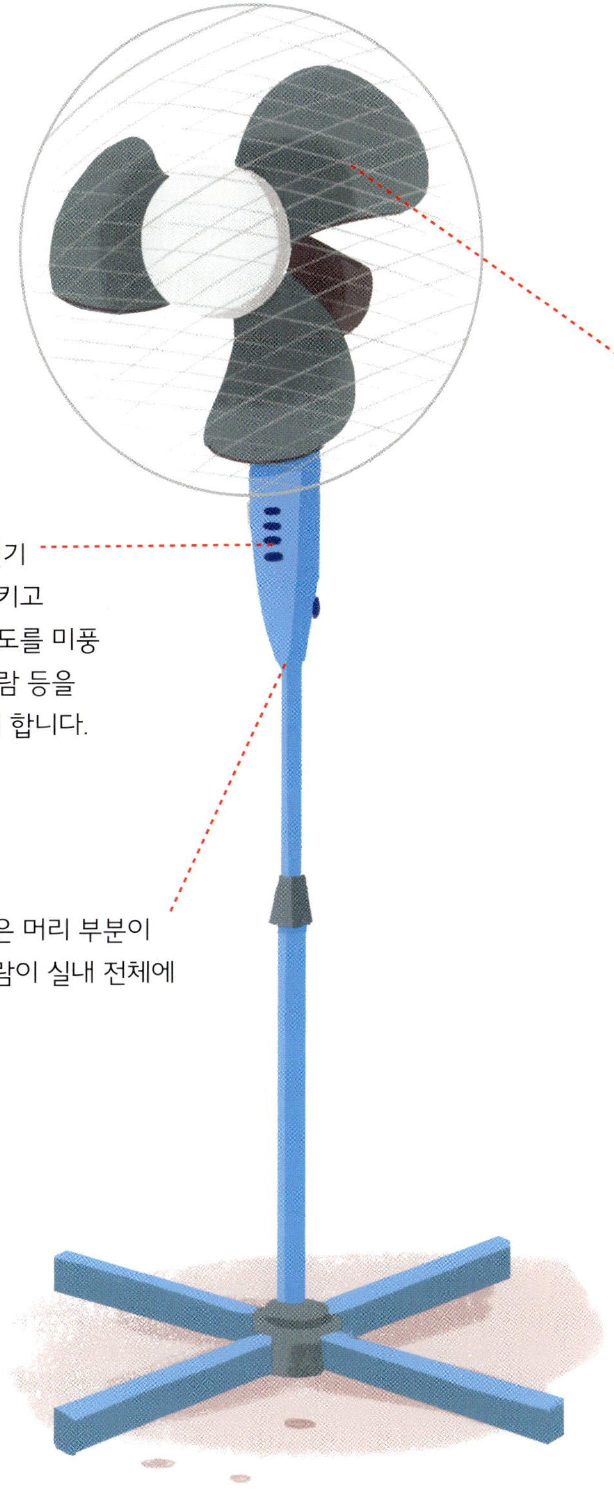

평행 추 팬은 움직이는 날개가 하나였으나 선풍기는 더 많은 날개가 달린 **프로펠러**를 사용하여 강력한 바람을 일으킵니다. 외부는 안전을 위해 철망으로 보호되어 있습니다.

이 **버튼**들은 전기 모터를 작동시키고 프로펠러의 속도를 미풍 또는 회오리바람 등을 선택할 수 있게 합니다.

선풍기 대부분은 머리 부분이 **회전**하면서 바람이 실내 전체에 퍼지게 합니다.

선풍기 기능을 반대로 하면?

선풍기는 모터가 전기의 힘으로 프로펠러를 돌게 하여 바람을 일으켜요.
그러나 역기능으로 사용해본다면?
즉, 바람이 날개를 돌게 하여 모터를 작동시킨다면?
이 경우 모터가 전기를 만들어 내는 것이에요!
바로 이것이 풍력발전기의 원리인데, 바람의 힘을 이용하여 전기에너지를 만드는 것이에요.

어른이 함께 도와주세요.

선풍기 만들기

준비물:
- 두꺼운 종이 상자 1개
- 판지 1장
- 얇은 종이 1장
- 두꺼운 판지 1장
- 이쑤시개 20~25개
- 코르크 마개 2개
- 빨대 1개
- 끈 1개
- 지지대 1개

가위, 연필, 자, 비닐접착제, 종이테이프, 컴퍼스, 작업대를 보호하기 위한 플라스틱판

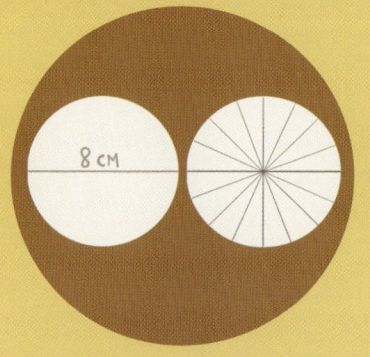

1. 컴퍼스와 가위를 사용하여 얇은 종이로 지름 8cm의 원반 두 개를 만든다. 눈금자를 사용하여 두 원 중 하나를 16등분으로 나눈다. (십자가 모양으로 만든 다음, 다른 대각선을 만들면서)

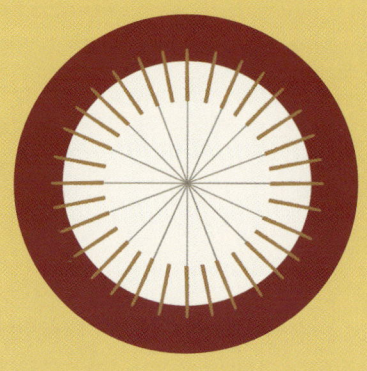

2. 길이가 1.5cm로 이쑤시개 16개를 이등분하여 32개로 자른다. 접착제를 충분히 바르고 먼저 16개의 선에 이쑤시개를 원에서 약 0.5cm 돌출되도록 부착한 다음 16개를 선 사이사이에 하나씩 또 부착한다. 총 32개의 방사형 패턴으로 배열된 이쑤시개를 붙인 판 아래에 다른 판을 붙이고 건조한다.

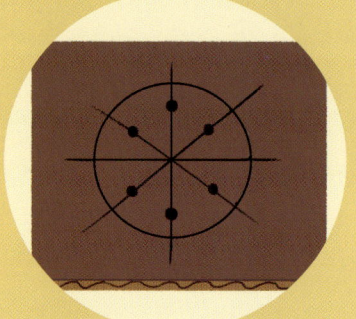

3. 두꺼운 판지에 100원짜리 동전 크기의 원을 그린다. 그런 다음 서로 같은 넓이로 중심을 가로 지르는 세 개의 선을 그린다. 방금 그린 선에 6개의 구멍을 뚫는다.

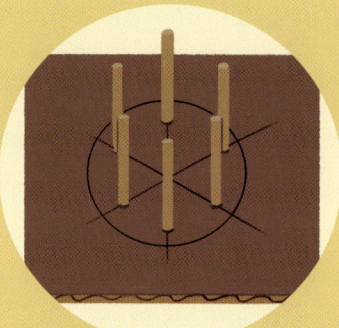

4. 나머지 이쑤시개를 길이가 약 2cm 로 6조각을 자르고 구멍에 붙인다. 모두 같은 높이인지 확인한다.

난이도 ⚙⚙⚙

 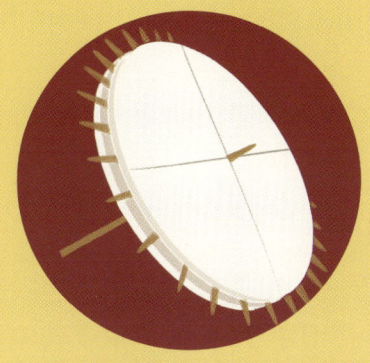  

5. 또다른 판지에 원을 그려 자른다. (자르는 모양이 원으로 할 필요 없이, 원을 포함하는 정사각형도 괜찮음.) 여섯 개의 이쑤시개를 부착한 판지에 붙인다. 건조시킨 다음, 또 다른 이쑤시개를 기어(둥근 판) 중앙에 꽂는다.

6. 톱니바퀴를 잡고 이쑤시개를 이용하여 중앙에 꽂는다. 그리고 그것을 제자리에 고정하기 위해 충분하게 접착한다.

7. 프로펠러는 골판지 한 장을 가져다가 사각형으로 자른다 (만약 A4용지이면, 한 면당 21cm의 정사각형으로 잘라야 한다) 두 대각선을 따라가며 중심에서 4cm 떨어진 곳에 표시한다. 끝에서 표시한 부분까지 잘라낸 다음 그림과 같이 모서리를 접어서 풀이나 접착테이프로 고정한다. (바람개비 모양)

8. 프로펠러 뒷면에 중앙에 기어를 부착한다. 기어와 톱니바퀴를 연결해 본다. 톱니바퀴의 끝이 기어의 핀 사이에 들어가야 하므로 중심을 통과하는 두 개의 이쑤시개 사이의 거리를 정확하게 측정한다.

9. 두꺼운 종이 상자의 바닥에 두 개의 구멍을 낸다. 주의 : 톱니바퀴와 기어가 물리는 위치를 잘 맞춰야 한다. 빨대를 두 조각으로 자르고 구멍에 넣고 붙인다. 그것을 고정하기 위해 충분하게 접착한다.

10. 접착제가 말랐을 때 (건조가 중요!), 랜턴 모양의 기어와 톱니바퀴를 빨대에 넣는다. 톱니바퀴와 기어 핀이 맞는지 확인한다. 다 작동하나요?

11. 상자 길이에 따라 끈을 자른다. 끈으로 코르크 마개의 한쪽 끝을 묶고 접착테이프로 고정한다. 끈의 다른 쪽 끝에서 지지대를 묶는다.

12. 상자 뒤쪽에 나와 있는 톱니바퀴의 이쑤시개에 코르크 마개를 끼운다. 마개에 끈을 감아서 팬을 작동시킨다!

예술가 레오나르도

"이제 충분해요." 불만이 가득한 남자가 말한다. 냅킨으로 입을 닦고 그는 자리에서 일어났다.

"내가 볼 때, 지금까지의 내용이면 확인하기 충분한 시간이었다고 생각합니다."

"그럼 당신은 도전을 포기한다는 뜻인가요? 당신은 레오나르도가 역사상 가장 위대한 발명가였다는 것을 인정하나요?"

"그건 절대 아니지요! 내가 말했듯이, 그는 가장 과대 평가된 사람이었어요!"

"오! 그래요?" 내 친구 줄리아가 웃음을 참지 못했다.

"레오나르도는 오늘날에도 사용하고 있는 기계의 원리와 기어를 만들었을 뿐이죠.
그리고 권양기나 볼 베어링 같은 물건을 추측했고, 배와 탱크, 잠수정, 행글라이더를 상상했죠. 또….''

목록이 점점 길어짐에 따라, 테이블에 다른 엔지니어들의 미소가 점점 더 커지기 시작했고 결국 모두가 웃게 되었다.
심지어 내 앞에 앉아 있는 그 여학생도 웃었다.

오직 불만이 가득한 그 남자만 웃지 않았다. 그리고는 멀쑥한 표정으로 표지에 자신의 얼굴이 인쇄된 책을 집어 들고 가방에 넣은 다음 인사를 하더니 큰 걸음으로 식당 밖으로 나갔다.

초상화 화가 레오나르도

레오나르도는 그의 동시대 사람들에게는 주로 화가로 여겨졌어요. 사실, 많은 사람은 왜 그렇게 뛰어난 예술가가 그림에 집중하는 대신 발명품을 연구하는 데 시간을 낭비했는지 궁금해했어요.

심지어 그가 죽은 후에도, 레오나르도의 명성은 수 세기 동안 예술 세계와 연결되어 있었고, 그의 발명품이 실현되면서, 그는 설계자, 엔지니어, 발명가로 인정받았어요.

화가 레오나르도는 어떤 면에서 나머지 부분의 레오나르도와 매우 비슷했어요.

그는 자연을 주의 깊게 공부하고 현실에서 영감을 받았고, 그리고 아무도 시도하지 않았던 새로운 것을 그의 작품에 그리려고 했어요.

그 당시 예술가들은 주로 귀족들과 궁정을 위해 일했어요. 사진은 아직 발명되지 않았기 때문에, 화가의 임무는 종종 초상화를 그리는 것이었어요. 레오나르도는 이 또한 탁월한 것으로 인정받았어요.

"방금 나간 동료는 잊어버리세요. 모든 사람이 패배를 인정하는 것은 아니에요."
하얀 긴 수염이 있는 노신사가 나에게 말했다.
"맞아요. 당신이 도전에서 이겼어요! 그리고 이제는 레오나르도의 예술작품에 대해서는 말할 필요는 없겠네요!"
줄리아가 말했다.
"네, 그래요. 하지만 레오나르도가 위대한 예술가였다는 것을 잊지 말아야죠."

"흰 담비를 안고 있는 여인"

"흰 담비를 안고 있는 여인"은 1490년에 그린 "일모로"라는 별명을 지닌 루도비코 스포르차의 젊은 애인 체칠리아 갈레라니의 초상화에요. 그 여인이 품에 안고 있는 흰 담비는 루도비코를 의미하기도 해요. 나폴리 국왕으로부터 수여 받은 기사 작위의 상징이 흰 담비였기 때문이에요. 이 아름다운 그림이 예술의 역사를 나타내는 많은 이유 중 하나는 여성의 위치가 다르게 그려졌기 때문이에요. 르네상스 시대의 초상화에서 모델의 몸은 보통 4분의 3 정도 틀고 있는데, 다시 말해 한쪽으로 살짝 돌아간 자세였어요. 그러나 레오나르도의 그림은 이중 회전을 하고 있었어요. 체칠리아의 몸은 왼쪽으로 돌아있었지만, 머리는 오른쪽을 향해서, 마치 방금 누군가 방에 들어온 듯한 모습이었어요.

"모나리자"

아마도 파리 루브르 박물관에 보존된 작품 중 오늘날 세계에서 가장 유명한 것은 모나리자 작품일 것입니다. 그것은 프란치스코 델 조콘다의 부인인 모나(부인 앞에 붙는 이탈리아 존칭어)리자 게라르디니의 초상화로 즉, 조콘다부인이에요. 이 그림이 이렇게 유명하게 된 여러 가지 이유가 있어요. 배경, 원근법을 만들기 위해 스푸마토 명암기법을 이용하여 색조를 사용했어요. 모나리자의 눈은 마치 관찰자를 따라 움직이는 것처럼 보이고, 무엇보다도 그녀의 신비로운 미소가 아주 유명해요. 레오나르도가 그녀를 그리는 동안 그 부인이 무슨 생각을 하고 있었는지 누가 알겠어요? 오늘날까지도 모든 사람이 그것을 궁금해해요.

자화상

레오나르도가 그린 다른 여러 자화상 중에 유명한 것은 빨간 분필로 그린 것이에요. 그 그림은 가운데에 머리카락이 없고 양쪽에 매우 긴 머리카락과 두꺼운 턱수염을 가진 남자를 나타냈는데 아마도 레오나르도 다빈치 자신을 그린 것일 거예요. 많은 전문가는 이 작품을 레오나르도의 천재성을 보여주는 유일한 작품이라고 생각해요.

호기심 만약 여러분이 레오나르도가 젊었을 때 어떻게 생겼는지 보고 싶다면, 청동다비스상이 보존된 피렌체의 바르젤로 박물관으로 가보세요. 다비드상의 얼굴을 조각한 도나텔로는 다비드의 얼굴 모델로 레오나르도를 사용했다고 해요. 그래서 매우 젊어요.

레오나르도와 프레스코화

초상화 외에도 르네상스 시대의 화가는 프레스코화를 그리는 것이 의무적이었어요. 프레스코화는 종교를 주제로 교회나 궁정의 벽에 직접 그린 큰 크림을 말하는 거예요. 전통적인 프레스코 기술은 물감이 마르면 그림을 바꾸거나 오류를 수정할 수 없으므로 색이 마르기 전에 서둘러야 했어요. 이 작업에서 레오나르도는 곤경에 처하게 되는데, 그는 세세한 부분까지 신경 쓰는 느린 화가였기 때문이에요. 그래서 레오나르도는 천천히 칠할 수 있는 프레스코화를 발명하기 위해 물감과 그림을 연구하는데 많은 노력을 기울였지만 불행히도 이 분야에서 그다지 성공적이지 않았어요.

"최후의 만찬"

이것은 밀라노의 산타 마리아 델레 그라찌에 수녀원 벽 위에 그려진 거의 5x9m 정도의 그림이에요. 이 그림은 수도사들에 의해 의뢰되었고 레오나르도는 1494년에 작업을 시작했어요. 그것은 예수가 죽기 전에 그의 사도들과 함께 한 유명한 최후의 만찬을 상징해요.

그 그림은 혁명적이었어요. 르네상스 시대에는 '수도원'을 묘사한 그림이 유행했고 전통적으로 정적이고 엄숙한 느낌을 중요시했어요.

그런데 레오나르도의 그림은 사도들이 말을 하는 동안 그들 중 한 명이 배신을 준비한다는 소식에 혼란스러운듯한 대단히 격정적인 장면을 그렸어요. 그러나 안타깝게도, 그의 스타일로 그림을 그리기 위해 레오나르도는 일반적인 프레스코화의 기술을 사용하지 않았어요. 대신, 그는 자신이 발명한 물감을 사용했는데, 이 물감은 불완전했기 때문에 습기로 인해 매우 빠르게 손상되기 시작했어요.

작업이 끝난 지 몇 년 후, 그림은 매우 심하게 훼손되어 거의 알아볼 수 없었어요! 이 예술작품을 이전처럼 화려하게 되돌려 놓은 수 있었던 것은 복원 기술이 발달한 현대 시대에 와서야 비로소 가능했어요.

"앙기아리 전투"

1500년대 초, 피렌체시는 이 도시에서 가장 인기 있는 두 명의 예술가 "레오나르도"와 "미켈란젤로"에게 방 전체를 그림으로 그리게 했어요. 하지만 이 천재들은 그림의 방향에 대해 전혀 합의점을 찾지 못했어요. 그래서 한 방에서 두 종류의 작품으로 진행되었어요. 레오나르도는 군인과 말이 그려진 치열한 전투 장면을 묘사하기로 했어요. 작품은 완성되었지만 불행하게도 이 작품은 스케치만 남아있어요. 이유는 고전적인 프레스코 기술을 피하려고 레오나르도는 로마인들이 발명한 고대 페인트 방법을 사용했고, 그림을 그리고 나서 벽에 있는 페인트를 말리기 위해 불을 사용했어요. 하지만 벽이 너무 컸고, 어느 순간 색이 떨어지기 시작해서 이 걸작은 영원히 볼 수 없었어요.

레오나르도의 말

레오나르도는 화가일 뿐만 아니라, 조각가이기도 했어요. 그러나 그의 가장 유명한 작품은 절대로 완성되지 않았어요. 이것은 프란치스코 스포르차의 승마 기념비로, 이 동상은 말 위에 있는 조각상인데 루도비코 일모로의 친척을 축하하기 위한 것이었지요. 레오나르도는 몇 달 동안 수백 점의 스케치를 그리며 말을 연구했어요. 그래서 그는 정말 거대한 조각상을 디자인했어요. 여러 번의 시도와 중단 끝에 레오나르도는 7m 이상 되는 높이에 진흙으로 만든 첫 번째 모델을 조각했는데, 이것이 대중에게 공개되자 사람들은 찬사를 보냈어요. 그 후 여러 해를 거쳐 동상으로 완성되었지만 불행히도, 전쟁이 일어났고, 무기로 만들 청동이 필요했기에 동상은 대포를 만드는 데 사용했어요. 예술에서 얼마나 큰 손실인가요!

8장
록스타 레오나르도

젊은 레오나르도가 피렌체 궁정을 떠나 밀라노로 이사를 결정했을 때, 그는 먼저 루도비코 일모로의 음악가로서 직업을 선택했어요.

그 당시에는 당연히 인터넷이 없었고 라디오나 스테레오 시스템도 없었기 때문에 음악을 들을 수 있는 유일한 방법은 라이브 공연을 여는 것이었어요.

레오나르도는 그 시대에 스타였고, 음악가들이 그러하듯이 무대장치에도 큰 중요성을 부여했어요.

르네상스 시대에는 아직 영화가 발명되지 않았지만, 특수 효과는 콘서트나 연극 공연에서 사용되었어요.

기타리스트 레오나르도

우리는 레오나르도가 얼마나 많은 악기를 연주할 수 있었는지 정확히 알 수 없어요. 그의 동시대 사람들은 기타의 조상인 리라와 함께 그의 연주에 관해 이야기하지만, 그는 아마 다른 악기들도 연주할 수 있을 것이라 했어요. 그리고 그는 확실히 많은 악기들을 발명하거나 개선했을 거예요!

막을 열고 닫는 데 사용되는 기구들이나 무대에서 사용하는 물건들, 배우들이 위에서부터 내려오게 (아니면 바닥에서부터 튀어나오게)하는 장치들을 설치하고 가장 중요한 공연에는
불꽃놀이, 조명 등이 사용되었어요.
레오나르도는 관객들이 숨을 쉴 수 없게 만드는
풍부한 무대 디자인으로 유명해졌어요.
예를 들어, 어떤 쇼를 위해서 레오나르도는 거대한 기계 사자를
만들어 무대에서 으르렁거리며 앉게 했고, 그러고 나서
관객들을 향해 하늘에서 황금 꽃가루가 쏟아지게 하였어요.

래퍼 레오나르도

르네상스 시대의 화가이자 건축가인 조르조 바사리는 우리에게 레오나르도가 음악가일 뿐만 아니라 "래퍼"로도 유명했다고 말해요.
실제로, 르네상스 궁정에서는 시인들과 음악가들에게 그 날의 특정한 주제에 대해 긴 시를 즉흥적으로 만들어달라고 요청하는 것이 유행이었어요. 예를 들어, 어떤 전투에서 유명했던 귀족을 칭찬하거나 누군가를 조롱하는 것이었지요.
그것은 현대 랩과 매우 유사한 예술 형태였지만 그 당시에는 특히 위험했어요.
사실 그 내용은 관객들을 기쁘게 하고 즐겁게 해주어야 했을 뿐만 아니라, 힘 있는 사람들을 화나게 할 위험도 있었어요. 그리고 경연을 하다 결투에 휘말리는 순간도 있었지요.
이 고대의 랩에서 레오나르도는 특히 능숙했어요.
실제로 바사리는 "그는 이 시대에 운율을 가장 잘 쓴 작가였습니다!" 라고 말했어요.

현대의 록스타들처럼 레오나르도 역시 특별한 소리를 내기 위해서, 혹은 특이한 모양으로 흥미를 끌 수 있도록 악기를 개조하는 것을 좋아했습니다.

리라 다 브라치오

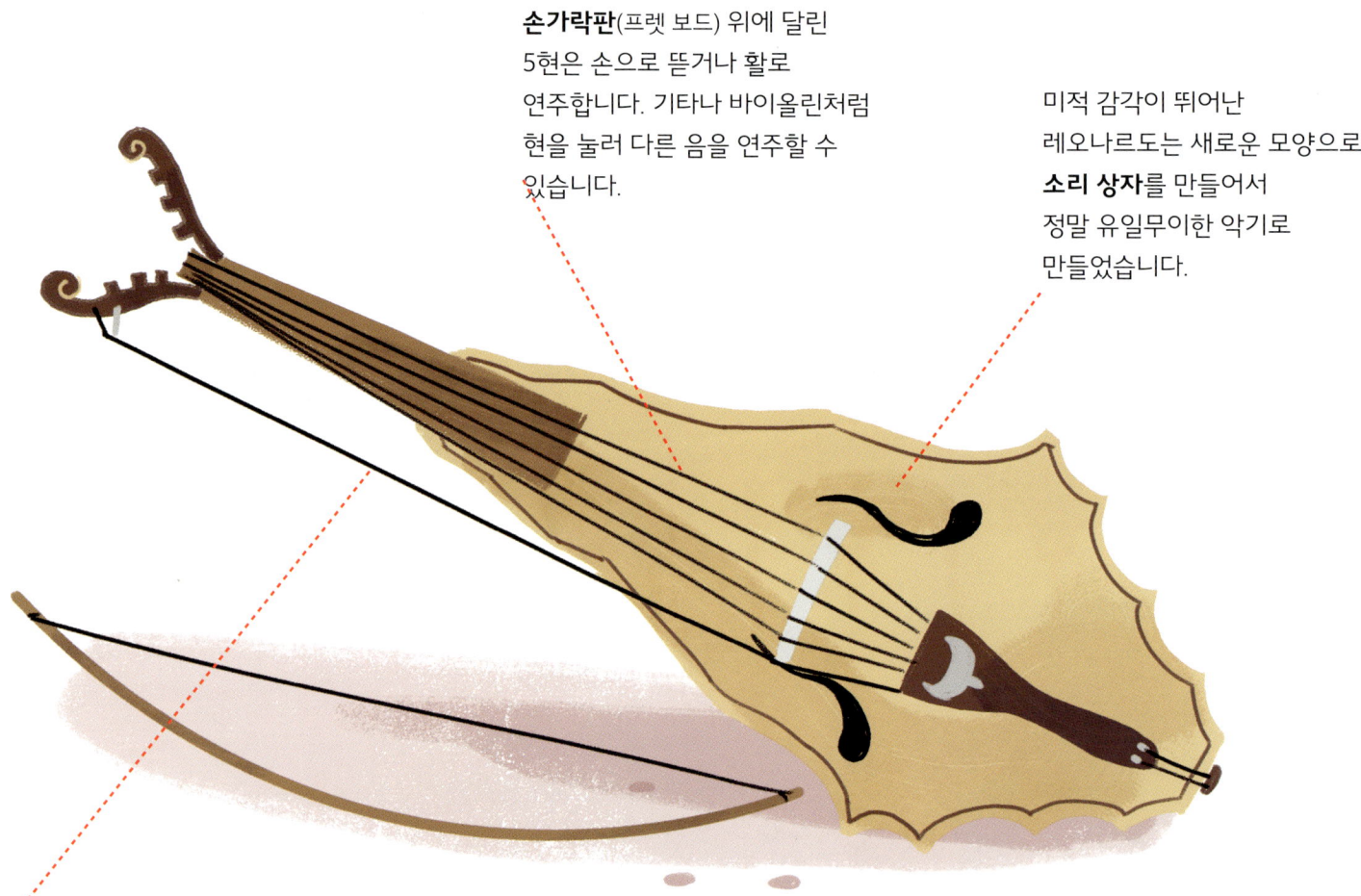

손가락판(프렛 보드) 위에 달린 5현은 손으로 뜯거나 활로 연주합니다. 기타나 바이올린처럼 현을 눌러 다른 음을 연주할 수 있습니다.

미적 감각이 뛰어난 레오나르도는 새로운 모양으로 **소리 상자**를 만들어서 정말 유일무이한 악기로 만들었습니다.

레오나르도가 살던 시대에는 **페달 음**을 이용한 음악이 유행했습니다. 즉 낮은, 한 음을 곡 전체에 지속하는 형식입니다. 이렇게 바깥에 따로 튀어나온 현으로 페달 음을 만들어냅니다

말 머리 모양의 실버 기타

레오나르도가 은으로 악기 전체를 만든 말머리 모양의 <리라 다 브라치오>에 대해 얘기해보아요. 이 악기는 외형적으로 호기심을 자극할 만하다는 것 외에도 차분하고 크리스털과 같은 소리를 지녔어요. 불행히도 레오나르도는 이 창작물에 대해 그 어떤 흔적도 남겨놓지 않았지만, 화가이고 예술가인 죠르조 바사리의 증언이 남아있습니다.

기타는 수 세기 동안 여러 차례 변화를 겪으면서도 현재까지 살아남아 일렉트로닉 기타로 태어났고, 음악 분야에 혁신을 일으켰으며 세상에서 가장 유명하고 가장 많이 사용되는 악기가 되었습니다.

일렉트로닉 기타

기타의 **견고한 보디**는 단단한 통나무 하나 또는 여러 조각으로 만들어졌습니다. 즉 소리 상자가 없습니다. 그래서 증폭기(앰프)에 연결되지 않으면 소리가 나지 않습니다.

픽업(Pick-up)이라고 말하는 이 센서는 현의 진동을 전기 신호로 변환합니다. 여러 부분에 픽업이 설치되어 있어서 픽업 하나마다 특별한 소리를 만들어 내므로 기타연주자는 어떤 것을 작동시킬지 선택할 수 있습니다.

이 **레버**를 움직이면 모든 현의 소리를 바꾸어 톤을 높입니다. 솔로 연주할 때 사용하면 아주 특별한 효과를 가져옵니다.

여기에 기타와 **앰프**를 연결해주는 선을 꽂습니다. 이를 통해 우리가 듣게 되는 소리가 완성됩니다. 무선 방식으로도 연결할 수 있어서 기타리스트가 콘서트 하는 동안에 무대 위를 자유롭게 뛰어다닐 수 있습니다.

내가 직접 만들어 보는 현악기

준비물:
- 코르크 마개 2개
- 핀 2개
- 긴 고무줄 1개
- 신발 상자 1개
- 가위

귀 가까이에서 고무줄을 잡아 늘여서 기타 줄인 것처럼 손으로 튕겨보아요. 음이 들리기는 하지만 너무 약해서 거의 소리가 들리지 않을 거예요. 앰프나 소리 상자가 필요한 이유가 바로 이 때문이지요. 그렇다면 신발 상자 뚜껑에 지름 몇 센티미터의 구멍을 내어 보아요. 그리고 핀으로 뚜껑 안쪽에서부터 위로 찌르고 튀어나온 부분에 코르크 마개를 고정해요. 그리고 두 마개를 고무줄로 연결하고 뚜껑을 닫은 후 다시 고무줄을 튕겨보아요.
이제 소리가 들릴 것입니다. 다음으로 나무판 하나를 그림과 같이 상자 아랫부분에 설치하고 손가락으로 줄을 여러 다른 높이로 누른 후 튕겨보아요. 음높이가 다르게 들릴 것입니다!

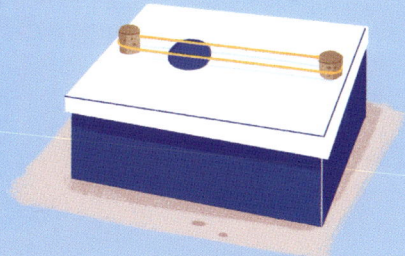

키보드 악기 중의 하나인 하프시코드는 레오나르도가 태어나기 몇 년 전에 발명되었습니다. 건반 하나를 누르면 연결된 현이 소리를 내는 악기로 여러 건반을 동시에 누르면 더 복잡한 멜로디를 연주할 수 있습니다. 이 악기는 혁신적이며 다목적으로 사용될 수 있었으나 한계가 있었습니다. 항상 같은 움직임으로 소리를 내다 보니 소리의 강약과 음량을 조절할 수가 없었습니다. 이를 극복할 만한 위대한 발명품이 나올까요? 레오나르도에게 이것은 '누워서 떡 먹기'였으니 실제로 <클라비 비올라>라고 하는 새로운 악기를 고안해냈습니다.

클라비 비올라

클라비 비올라는 어깨에 메고 연주하는 악기입니다. **가죽 밸트**가 있어서 두 손으로 자유로운 연주가 가능합니다.

연주하는 사람은 건반을 눌러서 어느 음을 연주할 것인지 **선택**할 수 있습니다.

이 **레버**를 연주자의 발목에 차고 걸으면 악기 안에 장착된 바퀴가 돌아가 소리를 내게 하는데, 이 레버는 바이올린의 활과 같은 역할을 합니다.

연주자가 걸으면 바퀴가 항상 움직입니다. 건반 하나를 누르면, 바퀴에 **연결된 줄**이 마찰을 일으켜 음이 길어집니다.

비올라 오르가니스타 (오르간)

클라비 비올라는 연주자가 연주하기 위해서는 걸어야만 해요. 그러나 레오나르도는 앉아서 연주할 수 있는 버전을 발명해냈어요. 바로 크랭크를 움직이게 해서 악기를 작동시킵니다. 그래서 연주자가 연주하는 동안 보조자는 크랭크 계속 돌려야 했어요. 4~5개의 회전 벨트가 있어서 각 회전 바퀴는 다른 현과 직접 연결돼요. 이 방법으로 동시에 많은 음을 연주할 수 있게 만들었고 동시에 음의 길이도 결정할 수 있어요. 손가락으로 오케스트라 전체를 연주하는 것과 같아요.

하프시코드(14세기경 발명된 건반악기)는 소리의 길이뿐 아니라 강약조절이 불가능해서 음악을 제대로 표현할 수 없었습니다. 그래서 1700년경에 바르톨로메오 크리스토포리가 그라비쳄발로 콜 피아노 에 포르테를 만들었고 몇 년 후, 크리스토포리의 발명품은 독일로 넘어가 그 당시의 모차르트와 같은 유명 음악인들에게 인정받기 시작했습니다. 그 나머지는 역사에 적혀있어요!

피아노

휴대용 키보드

역사적으로 봤을 때 이동 가능한 키보드 악기로 클라비 비올라만 있는 건 아니에요. 19세기 초 아코디언도 있어요. 풀무를 열었다 닫았다 하면서 생성되는 공기로 연주되는 작은 이동식 오르간이에요.

피아노는 두 형태로 나누어 볼 수 있어요. 그랜드피아노는 콘서트에서 쓰이며 현이 **수평**으로 놓여있고 길이가 길어요. 업라이트 피아노는 크기가 더 작고 현이 **수직**으로 되어있습니다.

복잡한 기계적 구조를 통해서, 각 건반은 **천으로 감싼 나무**로 1개 이상 현을 쳐서 작동됩니다. 강도에 따라 음량과 음의 성질이 변합니다.

현대 표준 피아노는 **88개의 건반**이 있고, 한꺼번에 여러 건반을 눌러 다양한 소리를 연주할 수 있습니다.

저음은 현 한 줄이 울리게 되지만 고음은 2~3개 현이 울립니다. **현**은 아주 튼튼한 프레임 위에 당겨져 있는데 강한 음에도 견뎌야 하기 때문입니다.

사람이나 동물의 움직이는 원리를 이용한 기계 즉, 오토마타(스스로 움직이는 기계)에 대한 아이디어는 오래전 그리스나 중국에서 시작된 것으로 알려졌습니다. 그러나 레오나르도는 인간을 닮은 자동기계를 최초로 고안해냈다고 할 수 있습니다. 그의 기사는 정교하게 만들어진 모델로서, 정말 엄청난 움직임을 가능하게 합니다. 아마도 자신의 유명한 극장 공연에 쓰려고 했을 테지만 정말 만들어졌는지는 알려지지 않았습니다.

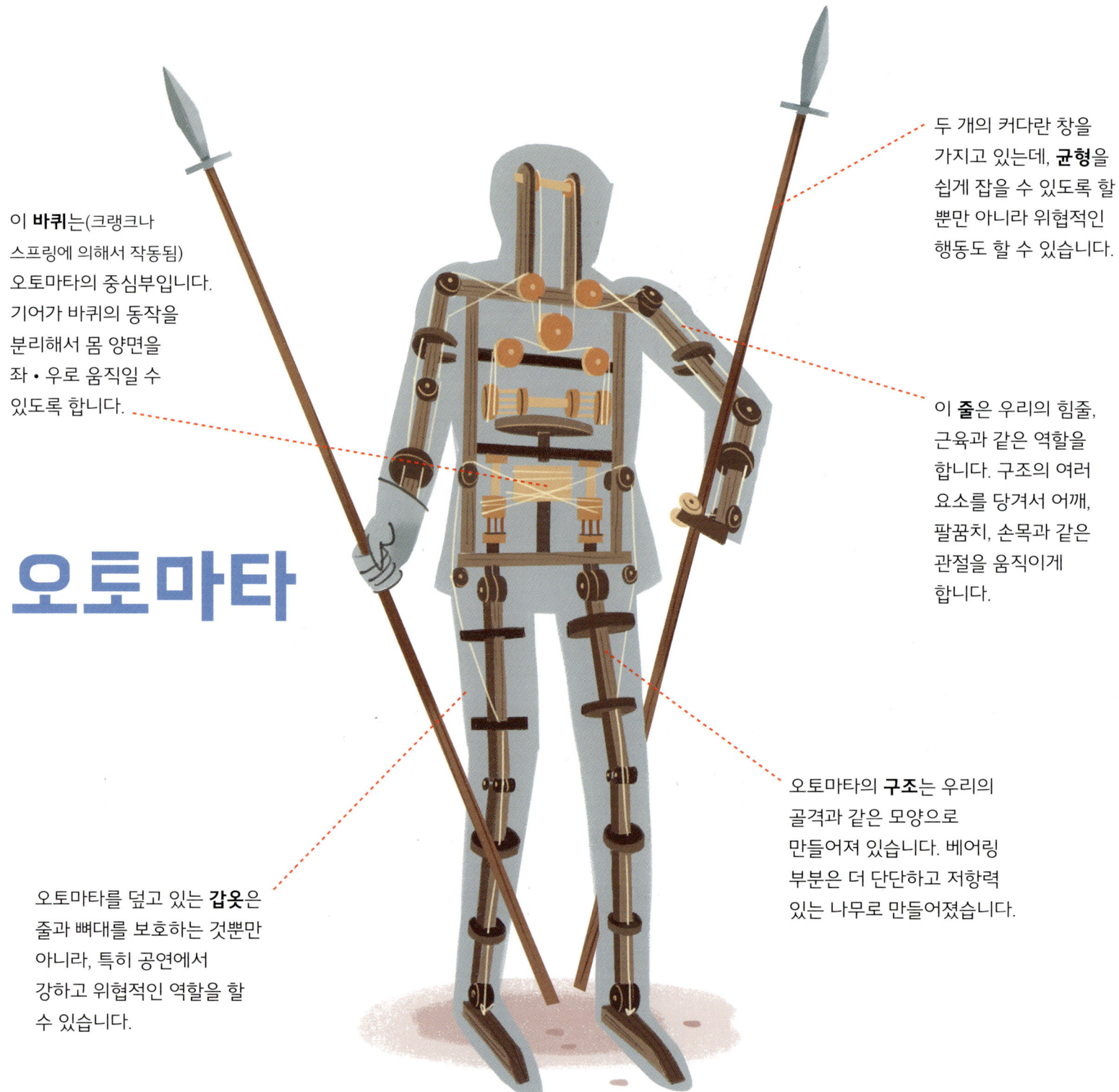

오토마타

이 **바퀴**는(크랭크나 스프링에 의해서 작동됨) 오토마타의 중심부입니다. 기어가 바퀴의 동작을 분리해서 몸 양면을 좌·우로 움직일 수 있도록 합니다.

오토마타를 덮고 있는 **갑옷**은 줄과 뼈대를 보호하는 것뿐만 아니라, 특히 공연에서 강하고 위협적인 역할을 할 수 있습니다.

두 개의 커다란 창을 가지고 있는데, **균형**을 쉽게 잡을 수 있도록 할 뿐만 아니라 위협적인 행동도 할 수 있습니다.

이 **줄**은 우리의 힘줄, 근육과 같은 역할을 합니다. 구조의 여러 요소를 당겨서 어깨, 팔꿈치, 손목과 같은 관절을 움직이게 합니다.

오토마타의 **구조**는 우리의 골격과 같은 모양으로 만들어져 있습니다. 베어링 부분은 더 단단하고 저항력 있는 나무로 만들어졌습니다.

전자제품 개발과 컴퓨터의 발전으로, 오토마타의 구조는 오늘날 우리가 로봇이라 부르는 것으로 변화되었습니다. 로봇 공학은 급속도로 성장하고 있는 기술분야입니다. 인공지능의 발전으로 로봇은 점점 더 사람을 모방하면서 많은 일을 합니다. 보스턴 다이내믹스(Boston Dynamics) 회사에서 개발된 휴머노이드 로봇 중 하나인 아틀라스는 자기 주변 환경에 대해 인식할 수 있을 뿐만 아니라 달릴 수도 있고, 뛰거나 공중제비도 할 수 있습니다. 유튜브에서 아틀라스가 어떻게 하는지 볼 수 있어요. 정말 믿을 수 없는 일이 벌어질 것입니다!

로봇

시각 센서와 레이저 센서를 통해 로봇은 방향감각을 갖게 되고 물건과 장애물을 인식할 수 있습니다.

내부에 **리튬 이온 배터리**가 장착되어있어 한 시간 정도의 움직임을 가질 수 있습니다.

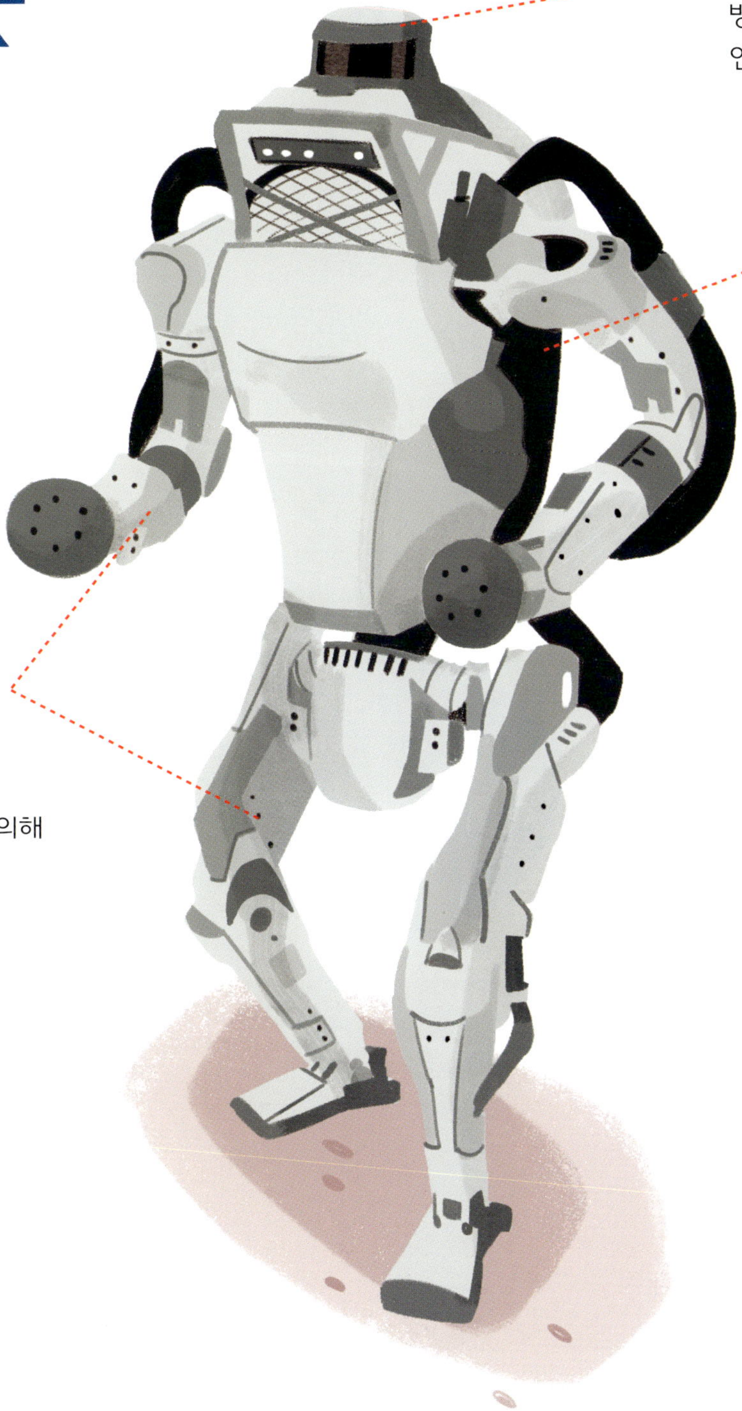

실린더를 통해 움직이는 팔과 다리는 **정교한 작동시스템**에 의해 움직입니다.

모든 로봇이 사람을 닮은 것은 아니에요.

로봇이 항상 인간을 닮거나 인공지능을 장착한 것들만 있는 건 아니에요. 로봇은 수년 전부터 공존하고 있고, 무엇보다 공장의 자동 작업업무를 실행하기 위해 만든 로봇도 있어요. 프로그램을 입력한 기계 팔 같은 로봇은 사람이 하기 힘든 특별한 업무를 하기 위해 사용되어요.

레오나르도 시대에 북은 그저 단순한 악기가 아니라 전투에서 중요한 역할을 했습니다. 병사들이 행진하는 발걸음을 맞추어 주고 그들에게 용기를 주었습니다. 레오나르도는 어느 순간에 북을 자동으로 연주하고 싶은 생각이 들었고 정말 혁신적인 발명을 해내었는데, 연주하는 사람이 없어도 녹음된 음악을 들을 수 있도록 하는 것이었습니다.

기계식 드럼

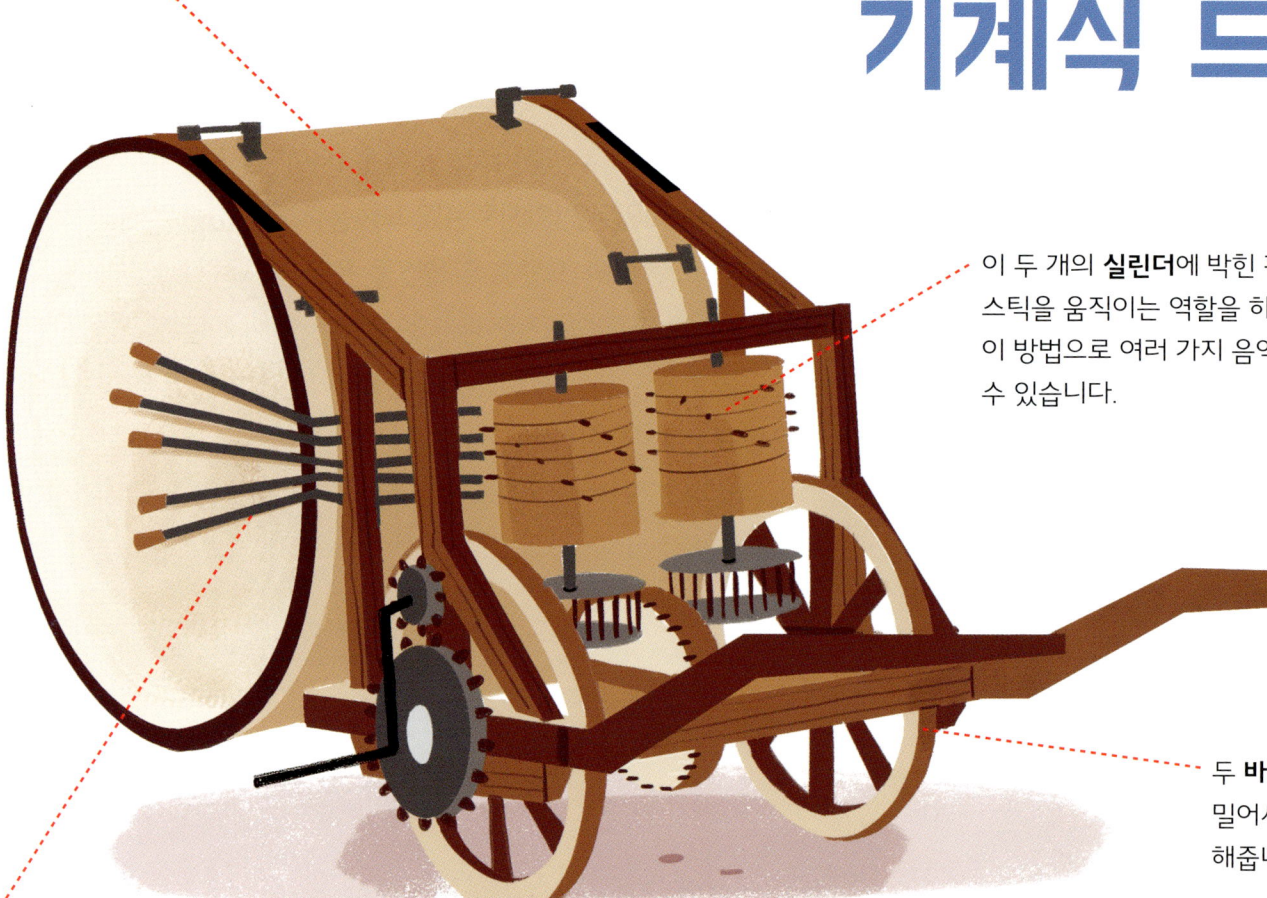

북은 아주 크고 무거워서 멀리서도 들을 수 있는 깊은 소리를 만듭니다.

이 두 개의 **실린더**에 박힌 핀들이 드럼 스틱을 움직이는 역할을 하게 됩니다. 이 방법으로 여러 가지 음악 소리를 낼 수 있습니다.

두 **바퀴**가 북을 앞으로 밀어서 북이 작동되도록 해줍니다.

실린더 위에 박힌 핀들을 작동시키면, 크랭크가 돌면서 **드럼 스틱**이 위로 올라갔다가 북 위에 떨어지며 소리를 내게 됩니다.

오르골

음악의 여러 가지 소리를 만들어내려는 아이디어는 수 세기 동안 아주 큰 성공을 불러일으켰고 실린더로 연주하는 오르골을 탄생시켰어요. 건반은 실린더로 대체되고 그 실린더 위에 자동으로 연주될 곡이 녹음되었어요. 뮤직박스와 비슷한 원리가 적용되는데, 실린더 위에 있는 핀들이 여러 음으로 연결된 금속막대를 진동시키게 되어있어요.

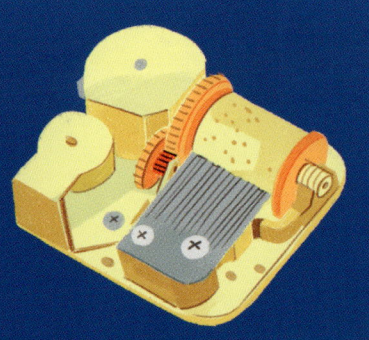

이제 우리에게는 자동으로 여러 가지 소리를 연주하는 리듬 악기가 있습니다.
이 중의 하나가 드럼 머신 입니다. 80년도에 널리 퍼지기 시작했는데, 랩이나 테크노 같은
여러 음악 장르에서 전자 음을 만들어 냅니다.

이 **제어 버튼**은 소리와 톤을 조절하기 위해 필요합니다.

사전에 녹음된 **소리** (아니면 샘플화된 소리)가 수천 가지로 나누어 저장되어 있습니다.

각 **버튼**은 드럼의 북소리부터 개가 짖는 소리까지 녹음된 소리 중 하나를 선택할 수 있습니다.

연주자는 **여러 가지 소리**를 녹음 한 다음 이 버튼 중 하나와 결합하여 자유롭게 혼합 할 수 있습니다.

드럼 머신

직접 연주하는 것이 더 낫다!

드럼 머신은 다용도로 쓰이고 드럼 연주자가 연주 불가능한 어렵고 빠른 속도의 리듬을 만들어 낼 수 있기는 하지만 기계로 만들어진 소리는 항상 밋밋하고 차갑게 들려서 모든 장르의 음악에 적합한 것은 아니에요. 그러므로 아직 라이브로 연주하는 드럼 연주자들이 있다는 것이 얼마나 다행인가요!

기계식 드럼 만들기

준비물
- 신발 상자 1개
- 골판지 튜브 1개
- 나무젓가락 4개
- 이쑤시개
- 두꺼운 판지 1장(30x30cm)
- 종이 1장
- 지우개 1개
- 접착테이프
- 굵은 고무줄 1개
- 가는 고무줄 몇 개
- 코르크 마개 1개
- 동전
- 줄
- 비닐접착제
- 휴지
- 핀
- 연필 1개
- 컴퍼스, 자, 가위, 문구 칼 등

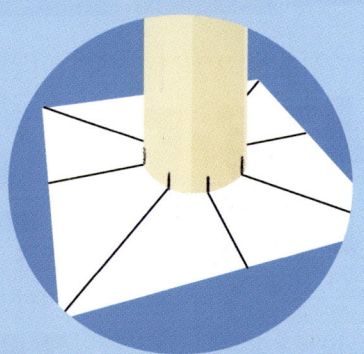

1. 종이 한 장을 정사각형으로 만든다. 정사각형이 되어야 한다. 그다음 종이 위에 십자가와 대각선을 그으면 한중간을 지나는 8개의 선이 나온다. 그 위에 골판지 튜브를 올려놓고 선에 닿는 튜브 아랫부분에 8개 점을 표시한다.

2. 심지 위에 표시한 8개 점을 위아래로 연결해 8개 선을 긋는다. 선과 선 사이가 모두 같은 거리가 되도록 하는 것이 중요하다.

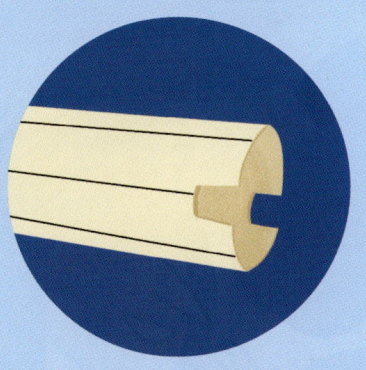

3. 심지 맨 끝 부분의 마주 보는 두 군데를 자른다. 이 잘린 부분에 젓가락이나 연필 하나가 잘 들어갈 수 있어야 한다.

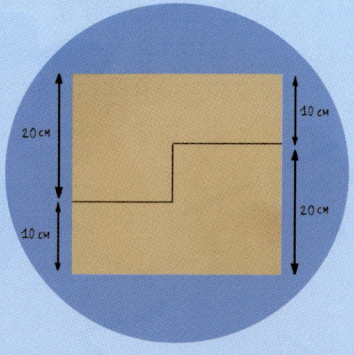

4. 두꺼운 종이 한 장 위에 자를 이용하여 그림과 같이 굵은 "L" 자 두 개를 위 아래로 포개도록 긋는다. 한 면이 10cm이면 다른 한 면은 두 배로 20cm가 되어야 한다. 잘라서 두 개의 "L"을 준비한다.

난이도 ⚙⚙⚙

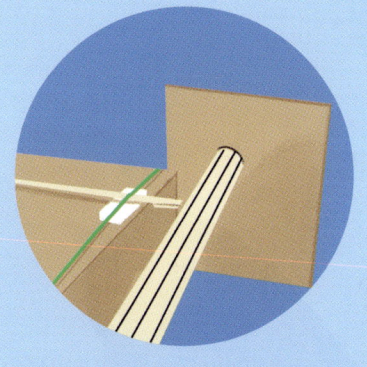

5. 자른 "L"자 하나를 그림과 같이 상자의 한 면에 기댄다. 지우개는 상자 경계 부분에 놓고 그 위에 나무젓가락을 얹은 후 고무줄로 상자를 둘러 고정한다. 나무젓가락 끝 부분이 심지의 반 정도를 건드리도록 심지 위치를 잡고 "L"자 위에 심지의 흔적을 남겨 원을 표시한다.

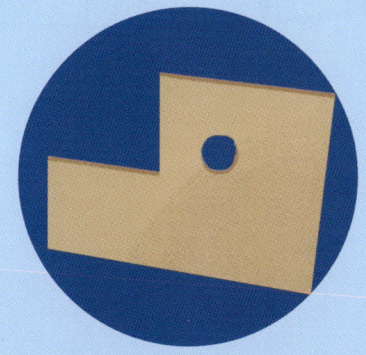

6. 문구용 칼로 어른들의 도움을 받아 "L" 위에 표시한 원을 잘라 구멍을 낸다. 다른 "L"자 에도 같은 작업을 한다.

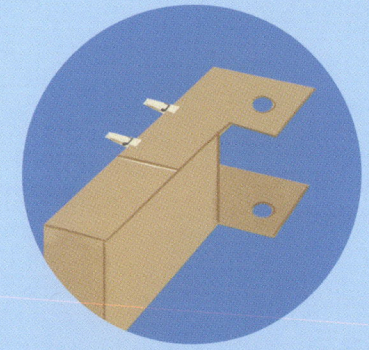

7. 신발 상자의 두 면에 "L"자 두 개를 접착한다. 더 높은 부분이 상자 끝 밖으로 튀어나와야 한다. 빨래집게나 무거운 물체를 이용하여 정한 위치에 잘 고정하여 풀이 마르도록 한다.

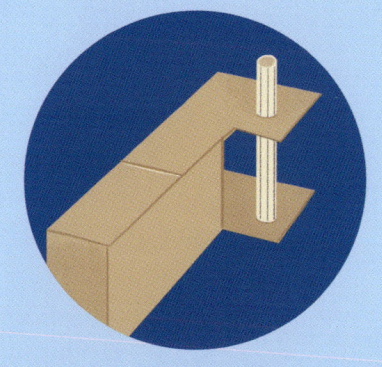

8. 이제는 리듬을 만들어 낼 순간이 왔다! 심지를 "L"자 위에 만들어 놓은 구멍에 끼워 넣는다. 그림처럼 한쪽이 다른 한쪽보다 더 밖으로 튀어나와야 한다.

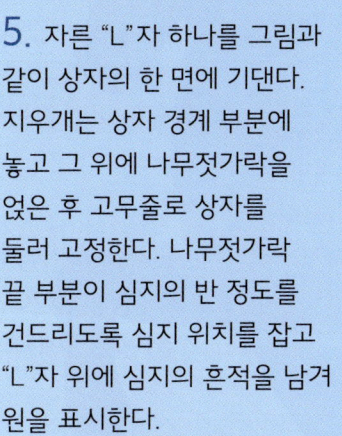

9. "L"자와 만나는 심지 지점에 표시해 놓는다. 그리고 3개의 고리를 표시하는데 "L"자와 가까운 두 개의 고리는 거의 같은 거리에 두어야 한다.

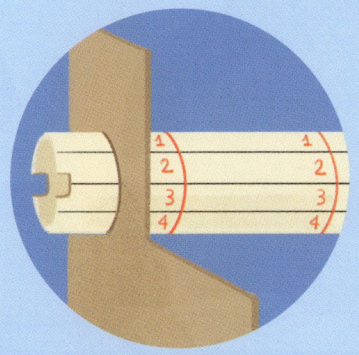

10. 심지 위에 그려진 선에 1~8까지의 숫자를 메기는데 그림처럼 줄이 고리와 교차하는 지점에 적는다.

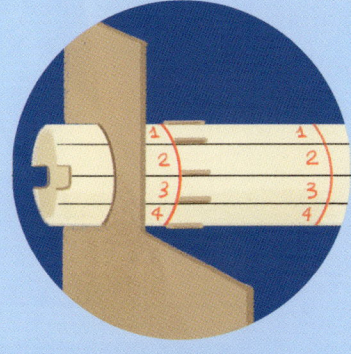

11. 1cm 정도의 이쑤시개 조각 8개를 "L"자에 가까운 고리에 맞추어 붙인다. 주의할 점은 이미 두 개의 "L"자 구멍에 심지가 고정되어 있어야 한다는 것이다. 이쑤시개를 접착한 후에는 심지를 구멍에 끼워 넣을 수 없다.

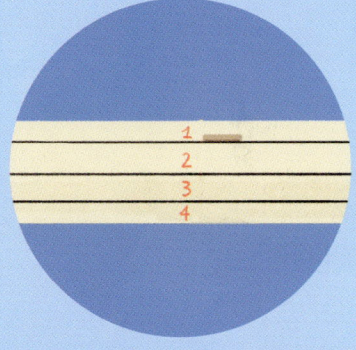

12. 이제 중앙에 있는 고리의 숫자 1, 5, 6 에 이쑤시개 조각 하나씩을 붙인다. 이 고리는 우리의 베이스드럼이 될 것이다.

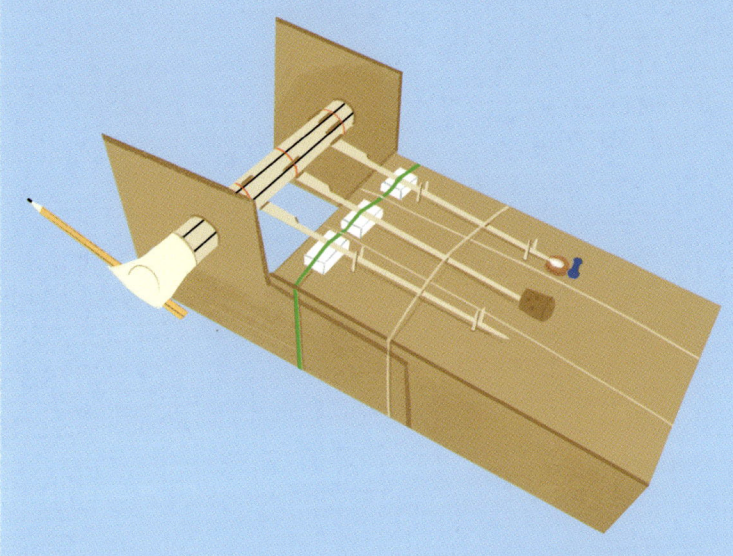

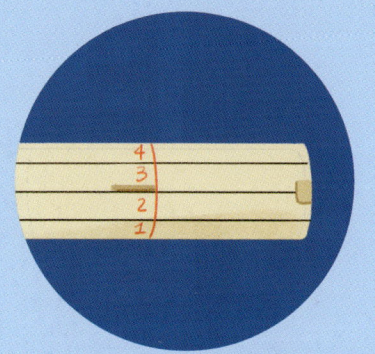

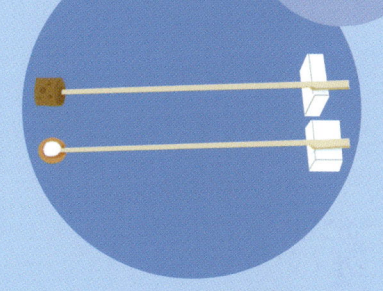

밤새도록 **말려야 합니다.**

13. 오른쪽 "L"자 위에 표시된 고리는 스네어 드럼이 될 것인데, 4/4박자 한 마디의 2번째, 4번째 박자를 연주하기 위한 것이다. (록 리듬을 연주할 것임) 이 경우 3번과 7번에 이쑤시개를 붙인다.

14. 이제는 드럼 스틱으로 넘어가자! 베이스드럼을 연주할 젓가락 끝 부분에 코르크 마개를 끼워 붙인다. 심벌 연주를 위해서는 동전과 젓가락 끝 사이에 접착제를 바른 휴지를 붙인다. 3번째 젓가락에는 다른 첨가할 사항이 없다.

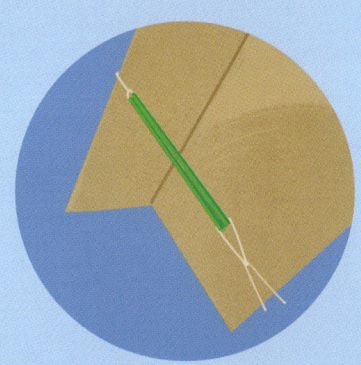

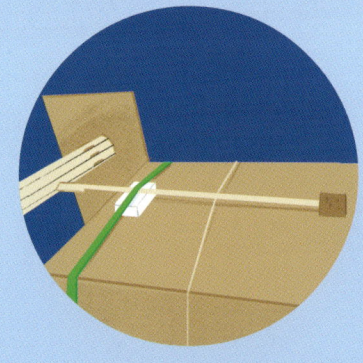

15. 하룻밤이 지나면 풀은 완전히 말라 있을 것이다. 이제는 탄력 있는 끈으로 나머지 작업을 마저 해야 하는데 끈의 양쪽 끝을 고무줄 2~3개로 연결하여 팽팽하게 상자를 둘러 고정할 수 있어야 한다. 고리가 충분히 길어야 이 작업이 가능하다.

16. 베이스드럼을 연주할 젓가락을, 지우개 위에 얹은 상태로 굵은 고무줄과 탄력 있는 끈을 이용해서 상자 중앙에 고정한다. (원한다면 지우개를 상자에 고정해도 된다) 그리고 고무줄은 지우개 위치에 고정하기만 하면 된다.

멋진 연주를 해보자!

이 기계식 드럼은 아주 기본적인 록 리듬을 연주하기 위해 설계된 것이에요. 다른 리듬을 연주할 수 있는 시도를 할 수도 있어요. 이쑤시개를 다른 점에 고정하기만 하면 됩니다. 주의할 점은 풀이 잘 붙어야 한다는 것입니다. 그렇지 않으면 첫 시도에서 이쑤시개가 다 떨어져 나갈 테니까요!

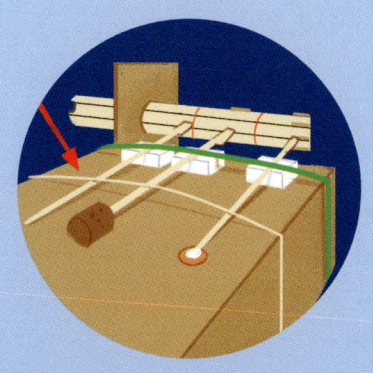
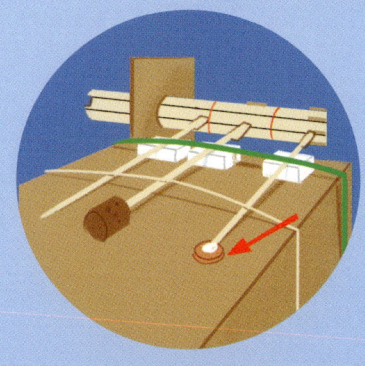

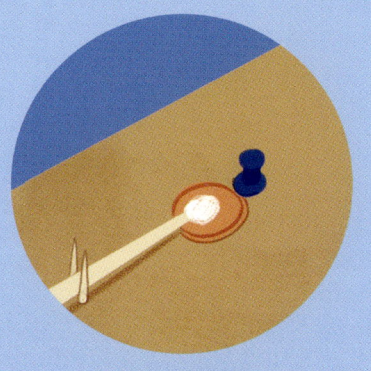

17. "탄력 있는 끈"의 저항력이 박자의 힘을 만들어낸다. 그러므로 지우개 쪽으로 가까이 가거나(적은 힘이 적용됨) 때리는 부분 쪽으로 가도록 (더 큰 힘이 적용됨) 위치를 조정할 수 있다. 젓가락 끝 부분은 항상 튜브를 스치고 지나가야 한다는 것을 기억하자.

18. 다른 젓가락도 같은 방법으로 위치를 고정할 수 있다. 동전이 달린 젓가락 밑에 동전이 부딪치는 원을 표시하고 그 원에 맞게 다른 동전 하나를 붙인다.

19. 젓가락이 왼쪽 오른쪽으로 조금씩 움직일 수 있으니 지우개에 가까운 젓가락 양쪽에 두 점을 표시하고 다른 두 개는 때리는 부분 가까이에 표시한다. 핀으로 구멍을 낸 후 상자에 이쑤시개 조각을 붙여서 연주 중에 젓가락이 양쪽으로 비틀거리지 않도록 고정한다.

20. 젓가락이 정해진 위치에서 벗어나려는 경향을 보이면 핀이나 이쑤시개로 막아보자.

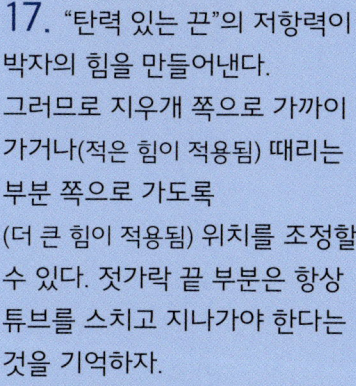
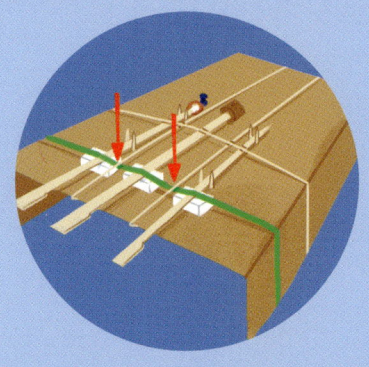
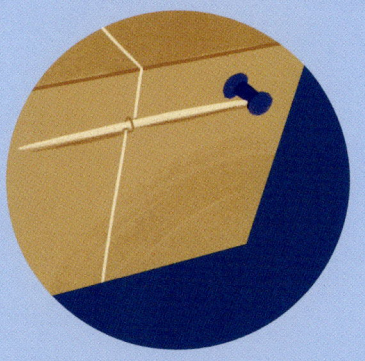

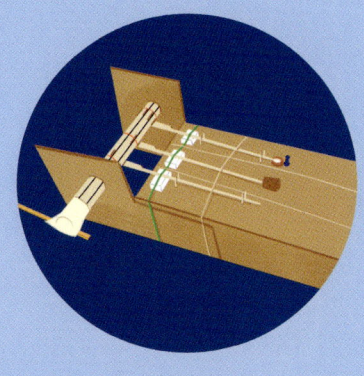

21. 중앙에 있는 젓가락이 고무줄에 잘 붙어있지 않을 수 있으니 이 경우에는 굵은 고무줄을 더 팽팽하게 당겨야 하고, 끈 두 줄을 긴 상자 방향으로 설치해야 하는데 그림에 보이는 것처럼 하나는 굵은 고무줄 위로 다른 하나는 탄력 있는 끈 밑을 지나도록 한다.

22. 만약 끈이 잘 당겨지지 않고 매듭이 헐렁하면 이쑤시개 하나를 끈에 돌아 감아서 원하는 만큼 더 당길 수 있게 한 뒤 핀 하나로 고정한다. 이쑤시개가 혼자 돌아갈 경우가 있으므로 이렇게 장애물을 놓으면 그 위치에 남아있게 만들어 주는 것이다.

23. 이제 거의 완성되었다. 네 번째 젓가락(또는 연필을 사용해도 좋다)을 심지 맨끝에 파인 홈에 끼워 넣어 크랭크 손잡이처럼 만든다. 그리고 접착테이프로 고정시킨다.

24. 드디어 해냈다! 기계식 드럼이 완성된 것이다. 손잡이를 돌리면 젓가락 세 개가 다른 소리, 다른 리듬을 연주할 것이다.

레오나르도의 신비

레오나르도 다 빈치는 의심할 여지 없이 역사상 가장 많이 연구된 사람 중 한 명입니다.
천재적이고 창의적인, 그는 역사상 가장 영향력 있는 예술가 중 한 명이었고, 인류의 발전을 수 세기 동안 예측할 수 있을 정도로 혁명적인 발명가였어요. 하지만 그의 모습은 미스터리에 싸여 있어요.
레오나르도가 살아있는 동안 거꾸로 쓴 노트를 비롯한 그의 주변에서는 비밀스러운 일들이 생기기 시작했어요. 그래서 그는 신비로움을 가지고 있는 사람처럼 보였어요.

레오나르도 가족의 비밀

레오나르도 다 빈치를 둘러싼 가장 큰 미스터리 중 하나는 그의 사생활이에요. 우리가 이미 보았듯이, 레오나르도는 공증인 세르 피에로와 카타리나라는 이름의 여인 사이에 태어난 사생아로, 아주 어릴 때부터 가족들과 떨어져서 살았어요. 우리는 그의 어머니에 대해 아무것도 알지 못하기 때문에, 실제로 중동에서 온 노예였던 것을 포함한 많은 전설들이 생겨났어요.
레오나르도가 밀라노에 있을 때 썼던 메모 중에서 "카타리나 장례식"이라고 약간 희미하게 쓴 메모가 하나 있었어요. 그것은 그의 어머니가 그를 만나러 왔었고 그가 밀라노에 있는 동안 죽음을 맞이했다는 것을 의미할까요? 아니면 다른 여자를 말하는 것일까요? 우리는 결코 알 수 없어요.

메모일 뿐이지 일기가 아닙니다.

레오나르도는 수백 페이지에 달하는 그의 메모, 그림, 프로젝트를 우리에게 남겨주었어요. 또한 많은 회계 기록들을 발견했는데 레오나르도는 그와 함께 일하는 팀원들과 함께 살았고 도와주는 사람들에게 월급을 지급했기 때문이에요. 그래서 그는 모든 비용을 꼼꼼하게 적었어요.
그렇다면 이렇게 많은 메모에서, 레오나르도 자신에 대해 아무 말도 하지 않았다는 것은 놀라운 일이에요. 레오나르도는 아이가 없었고, 우리는 그가 결혼했는지 아니면 적어도 약혼은 했었는지 전혀 알 수 없어요. 우리는 심지어 그가 여자를 좋아했는지 아니면 남자를 좋아했는지도 알 수 없어요.

실제로 1476년 피렌체에서 레오나르도는 동성애로 기소되었지만 재판에서 무죄를 선고받았어요. 그래서 우리는 이것조차도 확신할 수 없어요.

작품에서의 수수께끼

현대에 레오나르도의 예술 작품들이 많이 연구되었기 때문에, 많은 사람이 레오나르도 작품에 숨겨놓은 비밀 코드와 수수께끼를 찾기 위해 연구한 것은 꽤 흥미로운 일입니다.

이런 점에서 가장 신비로운 그림 중 하나는 의심할 여지 없이 "조콘다 부인"이 그려진 모나리자에요.

초상화에 그려진 여인은 정말 모나리자일까요?

어떤 사람들은 그녀가 그 시대의 유명한 귀족 여성이라고 주장해요. 혹은 레오나드로의 엄마인 카타리나라고도 해요. 하지만 다른 학자들에 따르면, 사실, 조콘다부인은 남자일 수도 있고, 양자 살라이, 친한 친구, 혹은 레오나르도의 애인일 거라는 주장도 있어요.

마지막으로, 가장 이상한 주장 중 하나는 조콘다부인이 아닌 실제 레오나르도 자체를 묘사한 자화상이라는 것이에요! 정말 알 수 없어요!

"다빈치 코드"

이러한 전설 때문에, 레오나르도는 여러 작품에 주인공이 되었어요.

가장 유명한 것 중 하나는 의심할 여지 없이 한 학자가 레오나르도의 가장 유명한 그림 안에 숨겨놓은 신비한 코드를 해독한다는 내용의 딘 브라운 소설 "다빈치 코드"에요.

TV 시리즈 중에는 "다빈치의 악마들"이라는 제목으로 천재적인 주인공이 수수께끼 같은 퍼즐의 비밀을 찾는 내용을 담고 있어요.

그리고 레오나르도는 비디오 게임 '어쌔신 크리드2" 캐릭터에서 가장 유명한 사람 중 한 명이며, 그의 발명품으로 주인공인 에지오 아우디토레의 전투를 돕는 역할을 합니다.

작별의 시간

"내가 레오나르도에 대해 말하는 것을 마쳤을 때, 내 주변에 거의 아무도 없다는 것을 깨달았다. 처음부터 항상 내 앞에 앉아있던 여학생과 줄리아, 그리고 하얀 긴 수염을 가진 노신사만 있었다. 나는 그의 이름조차 모르고 정확히 '젊은 엔지니어'도 아닌 것 같다. 결국 그 역시 자리에서 일어났다.

"제 생각엔 우리만 남은 거 같네요. 벌써 너무 늦었어요. 하지만 정말로 흥미로운 대화였습니다. 아틸리 교수와의 큰 도전이었어요. 축하합니다. 젊은이. 그런 식으로 대화할 용기를 가진 사람은 거의 없을 거예요."

나는 갑자기 머리가 아팠다.

"당신이 말하는 사람이 아틸리 교수라고요?"

노신사가 웃기 시작한다.

"그 말의 의미는 그 사람이 아틸리 교수라고 생각하지 못한 건가요? 그는 최근에 나온 책을 가지고 왔고, 책에 대해 자랑하고 여러 사람의 의견을 듣고 싶어서 왔어요. '불만이 많아 보이는 얼굴' 정말 멋진 별명이에요. 오호호…"

그는 웃고 있지만, 사실 나는 속으로 울고 있었다. 카를로 마리아 아틸리 교수는 실제로 세계 최고의 엔지니어링 스타이다. 아주 어렸을 때 대학을 졸업해서 바로 교수가 되었고, 전 세계의 유명한 프로젝트에 참여했다. 한마디로 세계적인 엔지니어이다. 그런 사람한테 내가…….

"너는 그에게 당연히 주장 할 것을 말했어." 줄리아가 나를 위로한다.

"난 다시는 일을 하지 못할 거야, 다시는……." 나는 정말 슬퍼하며, 절망에 빠지고 있었다.

"어리석은 말은 하지 마세요!" 그 신사가 말한다. "사실, 저는 당신이 이 모임에 참석한 많은 사람에게 좋은 인상을 주었다고 확신합니다. 저를 포함해서요. 내 명함을 드리지요."

그리고 마침내 나는 그가 누구인지 알게 되었다. 에르만노 롱기.

나는 눈을 크게 뜨고 명함을 다시 보았다. 그 역시 유명한 엔지니어이다. 그는 이 도시에서 가장 큰 규모의 엔지니어링 스튜디오를 운영하고 있다.

"친애하는 동료 여러분, 사무실에 한번 오세요. 여기에 계신 세 분 모두요. 차 한잔 합시다."

그는 미소 지으며 나간다. 내 앞에 이름도 모르는 여자가 일어나서 말한다.

"내가 배웅할게요."

그러고 나서 그녀가 밖으로 뛰어나간다.

그렇게 나는 줄리아와 단둘이 남았다. 나는 롱기의 명함을 손에 쥐고 크게 웃었다.

"오늘 저녁은 나쁘지 않았어요. 젊은 기술자들의 모임은 치명적인 지루함으로 시작되었지만, 대신! 몇 시간 만에 우리는 아틸리를 격분시키고 롱기의 친구가 되었어요. 이것이 우리의 경력에 도움이 될지 모르겠지만, 확실히 재미있었어요!"

"맞아요, 어떻게 아니겠어요. 정말 즐거웠어요."

나는 테이블에서 일어났다. 그리고 왜 그랬는지 모르겠지만, 대담하게 그녀에게 내 손을 내밀었다. 그녀는 내 손을 잡으며 미소 짓는다. 우리는 계산서에서 우리 부분을 계산하고 팔짱을 낀 채 레스토랑을 나왔다. 밖은 추웠고, 롱기와 여자아이는 이미 사라졌다.

"집에 어떻게 가나요?"

"바로 저쪽에 버스 정류장이 있어요."

"내가 정류장까지 데려다줄게요."

우리는 걷기 시작했다.

"당신 이름이 줄리아지요? 무슨 일 하는지 물어도 될까요?"

"항공우주공학을 전공하고 지금은 박사학위를 받고 있어요. 나중에 유럽 우주국에서 일하고 싶어요. 힘들다는 건 알지만 언젠가 화성에 데려다줄 우주선을 만드는 게 내 꿈이에요!"

"우주? 참으로 멋지군요! 어렸을 때 나도 우주 비행사가 되는 것이 꿈이었어요. 내 생각엔 레오나르도 다 빈치 역시 우주를 좋아했을 것 같아요."

버스 전조등이 도로를 비추는 것을 보고 버스가 오는 것을 알았다.

"너무 빨리 왔네요." 나는 그녀와 이야기를 더 나누고 싶었다.

줄리아는 롱기의 명함 뒤에 그녀의 전화번호를 적었다.

"왼손잡이군요?"

"맞아요, 당신의 유명한 친척처럼요. 연락해요. 젊은 레오나르도 다 빈치. 언젠가 내가 우주선을 만든다면, 누가 알겠어요. 우리가 함께 우주여행을 갈지도……."

어휘

크랭크
왕복 운동을 회전 운동으로 바꾸거나 그 반대의 일을 하는 기계장치.
예) 자전거에서 사람의 다리가 위, 아래로 왕복 운동을 하면 자전거의 페달이 크랭크에 의해 회전 운동으로 바뀌는 형태의 장치.

천공기
구멍을 뚫기 위해 사용하는 기계.

권양기
물건을 높은 곳으로 들어 올리거나 끌어당기는 기계.

도르래
바퀴에 끈이나 체인 등을 걸어 힘의 방향을 바꾸거나 힘의 크기를 줄이는 장치.
고정 도르래와 움직 도르래가 있는데 고정 도르래는 힘의 방향만 바꾸어 주지만, 움직 도르래는 물체를 들어 올리는 힘을 줄일 수 있다.

무한궤도
차 바퀴의 둘레에 강판으로 만든 벨트를 걸어 놓은 장치.
바퀴만 있는 차에 비하면 속도는 느리지만, 지면에 닿는 면이 넓으므로 요철이 심한 도로나 진흙 바닥에서도 자유로이 달릴 수 있고, 회전 속도를 조정해 방향 전환을 자유로이 할 수 있어, 주로 탱크나 트랙터에 쓰인다.

충각
배 밑에 있는 뾰족하게 돌출되어 적의 군함을 받아서 침몰시키기 위한 장치.

어뢰
자동장치에 의해서 물속을 전진하면서 군함, 잠수함 등을 공격하는 폭탄.

완충장치
급격한 충격을 완화시키기 위해 스프링, 고무판 같은 탄력이 있는 중간체로 구성된 장치.

웜기어
기어 전동장치의 하나로 2축이 서로 직교하는 경우에 사용되는 기어.

캠
회전운동이나 왕복운동을 다른 형태의 운동으로 변환하여 움직임이나 힘을 전달하기 위해 입체적으로 모양을 낸 기계장치.

부력조절기 (BCD)
물 표면에 떠 있거나 바닥, 또는 그 중간을 유지하기 위해 공기를 주입하거나 빼서 조절할 수 있게 하는 장비.
주로 다이버들이 많이 사용함.

밸러스트
배의 균형을 유지하기 위해 배의 바닥에 물이나 자갈 등의 중량물을 실어 안전하게 항해할 수 있게 균형을 잡아주는 장치.

캐비테이션 (공동현상)
유체 속 압력이 낮은 곳이 생기면 물속에 포함되어 있는 기체가 물에서 빠져 나와 압력이 낮은 곳에 모이는데, 이로 인해 물이 없는 빈 공간이 생긴 것. 선박의 프로펠러나 터빈 등의 효율을 떨어트리는 원인임.

핵 엔진
원자로에서 생산된 에너지로 엔진을 돌리며 핵 추진 잠수함은 연료인 우라늄을 한번 넣으면 수년간 수중에서 작전이 가능하다.

방직기
실을 뽑아서 천을 짜 내는 기계.

스푸마토
'연기와 같은'을 뜻하는 이탈리아어로 회화에서는 물체의 윤곽선을 자연스럽게 번지듯 그리는 명암법에 따른 공기원근법.

프레스코
벽화를 그릴 때 쓰는 화법. 덜 마른 회반죽 바탕에 물에 갠 물감으로 채색하는 벽화기법.

앰프
소리를 증폭하는 역할을 담당하는 음향기기. 전기기타를 비롯한 전기악기들은 자체적으로 충분한 연주 음을 소리 내는 장치가 없어서, 실제 음을 들으려면 반드시 앰프와 연결해야 한다.

픽업장치
기계적인 음성 진동을 전기신호의 형태로 재생하는 장치.

리튬이온배터리
충전을 반복해서 여러 번 사용할 수 있는 2차 배터리. 전기 자동차에는 물론, 로봇을 비롯한 전동용 공구, 전력 저장용 장치에 다양하게 사용한다.

찾아보기

거대한 석궁 · 38
계산기 · 110~111
구명 튜브 · 77
굴착기 준설선 · 29
권양기 · 26
글라이더 · 92
기계 방직기 · 104
기계식 드럼 · 128
기관총 · 35
낙하산 · 94~95
덮개 전차 · 36
드럼 기계 · 129
라이터 · 109
로봇 · 127
리라 다 브라치오 · 122
말뚝 박는 기계(천공기) · 24~25
모터 운동 변환 시스템 · 52~53, 66
무한나사(웜 기어) · 50~51
물 위를 걷기 위한 장비 · 78
물 위에 뜨는 작은 돔 · 82
볼 베어링 · 58~59
부표 · 77
비행기 · 89
산업용 제재소 · 57
서서 패들 젓기 · 79
선풍기 · 113
선회 포 · 34
섬유 산업용 방직기 · 105
수력 톱 · 56
어뢰정 · 41
연발대포 · 44
열차 포 · 39
오토마타 · 126
와인오프너 · 103
외륜선 · 80
운하의 수문 · 22
움직이는 다리 · 21

움직이는 수문 · 23
이중 드릴 · 102
일렉트로닉 기타 · 123
자가 동력 수레 · 68
자동 부싯돌 · 108
자동 인쇄기 · 106
자동차 · 69
자전거 · 64~65
잠수복 · 74~75
잠수부의 산소통 · 83
잠수함 · 84~85
준설선 · 28
증기선 · 81
차동기어 · 67
총알, 포탄 · 42~43
충각 달린 고속 선박 · 40
클라비 비올라 · 124
탱크 · 37
튜브 · 76
평형 추 팬 · 112
풍속계 · 54~55
프린터 · 107
피아노 · 125
하늘을 나는 배 · 88
항공 나사 · 90
행글라이더 · 93
헬리콥터 · 91
현대의 권양기 · 27
회전 기중기(타워크레인) · 30~31
회전 포탑 · 45
회전식 다리 · 20

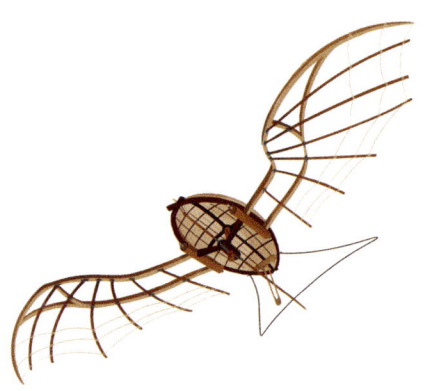

Le grandi macchine di Leonardo
40 invenzioni geniali: com'erano un tempo e come sono oggi
Texts © 2019 Book on a Tree Ltd/Davide Morosinotto and Christian Hill
From an idea by Claudio De Signori
Illustrations by Marco Bonatti
Copyright © 2019 Editoriale Scienza S.r.l., Firenze – Trieste
www.editorialescienza.it
www.giunti.it
Korean Edition Copyright © 2019 Samseongdang Publishing Co., Ltd.
All rights reserved.
This Korean edition published by arrangement with Editoriale Scienza S.r.l. through
Shinwon Agency Co., Seoul.

이 책의 한국어판 저작권은 신원에이전시를 통해
저작권사와의 독점 계약으로 ㈜도서출판 삼성당에 있습니다.
저작권법에 의해 한국 내에서 보호를 받는 저작물이므로 무단전재와 무단복제를 금합니다.
※ 파본은 바꾸어 드립니다.